実践研究の理論と方法

本郷一夫 編著

シリーズ
支援のための発達心理学
本郷一夫 監修

金子書房

シリーズ刊行にあたって

　近年，障害の確定診断の有無にかかわらず，様々な支援ニーズをもつ子どもや大人が増加している。また，そのような人々に対する多くの支援技法も紹介されている。しかし，ある人に対して「うまくいった」支援技法を他の人に適用しても必ずしもうまくいくとは限らない。また，支援直後に「うまくいった」ように見えても，その後の人生にとってその支援が効果的であるかはわからない。重要なことは，表面的な行動の変化ではなく，その人の過去から現在に至る生活の理解に基づいて，その人の現在と未来の生活に豊かさをもたらす支援を行うことであろう。すなわち，人の発達の理解に基づく発達支援である。

　そのような観点から，シリーズ「支援のための発達心理学」は企画された。本シリーズは，人が抱える問題の理論的基礎を理解するとともに，それに基づく具体的支援方法を学ぶことを目的とした。その点から，次の2つの特徴をもつ。第1に，単なる支援技法としてではなく，発達心理学の最新の知見に基づく支援のあり方に焦点を当てている点である。第2に，各領域の発達は，その領域の発達だけでなく，他の領域の発達と関連しながら起こるという機能間連関を重視している点である。

　現在，発達支援に関わっている心理士・教師・保育士，これから支援に関わりたいと思っている学生・大学院生などの方に，本シリーズを是非読んでいただきたい。そして，それが新たな支援の展開と支援方法の開発につながっていくことを期待している。

　最後になったが，このシリーズの出版の機会を与えていただいた金子書房，また迅速で的確な作業を進めていただいた担当の加藤浩平氏には深く感謝の意を表したい。

2018年2月

シリーズ監修　本郷一夫

Contents

シリーズ刊行にあたって　i

第Ⅰ部　実践研究の進め方 ── 実践研究の基本的な考え方

第1章　実践研究とは何か ── 支援と研究
　　　　　　　　　　　　　　　　　　　本郷一夫　2

第2章　実践研究における研究者倫理
　　　　　　　　　　　　　　　　　　　斉藤こずゑ　12

第Ⅱ部　実践研究の方法 ── 行動・意図とその変化の捉え方

第3章　実践研究における単一事例デザインを用いた方法
　　　　　　　　　　　　　　　　　　　大石幸二　28

第4章　実践研究における面接の進め方
　　　　　　　　　　　　　　　　　　　中西由里　37

第5章　実践研究における行動観察の方法
　　　　　　　　　　　　　　　　　　　小島康生　45

第6章　実践研究におけるエピソード記録の方法
　　　　　　　　　　　　　　　　　　　田爪宏二　56

第7章	実践研究におけるチェックリストの活用方法
	.... 平川久美子　67
第8章	保育・教育コンサルテーションの進め方
	.... 森　正樹　77

第Ⅲ部　実践研究のまとめ —— 実践研究の評価と公表の仕方

第9章	文献検索とその利用方法
	.... 飯島典子　88
第10章	量的データのまとめと検定
	.... 神谷哲司　97
第11章	実践記録と実践研究論文の書き方
	.... 宮﨑　眞　107

第Ⅰ部
実践研究の進め方

実践研究の基本的な考え方

第Ⅰ部　実践研究の進め方——実践研究の基本的な考え方

第1章 実践研究とは何か
——支援と研究

本郷一夫

1　実践研究とは

(1)「実践研究」のはじまり

　日本の心理学において実践研究を組織的に取り上げ，多角的な視点から検討した最初の本として，続有恒・高瀬常男編『心理学研究法13　実践研究』(1975) を挙げることができるだろう。この本のはしがきにおいて，高瀬は「実践研究」とは新しい造語のたぐいであり，名称，内容ともまだ人々に広まっておらず，その意味も多義的であると述べている。この本が出版される以前から「実践的研究」などの用語は散見されるものの，1970年代半ばでも実践研究の定義はまだ定まっていなかったと考えられる。

　ちなみに，編者の一人である続有恒の没年は1972年であり，この本が出版された時には既に亡くなっていた。にもかかわらず，続有恒の名前が編者として挙げられているのは，一つには本の構想段階で関わっていたからであろう。また，はしがきには，続有恒 (1914－1972) が1950年代初頭，東北大学在任中，正木正 (1905－1959) と共同で研究を進めていた時代に実践研究の構想が生まれたということが記されており，これも関係しているだろう。

　実践研究という新たな研究のカテゴリーが求められるようになった背景には，第二次世界大戦後の心理学研究のありようをめぐる議論がある。すなわち，その時代，多くの心理学研究が生み出されるようになったものの，一方でその成果が現実の問題の解決に役立つのかといった批判もなされるようになったのである。これに関連して，佐藤 (2003) は，日本の教育心理学における「不毛性議論」の流れを整理している。それによれば，1952年頃から，戦前期の師範教

育を精算，克服したいとの考えから教育心理学の不毛性の認識が高まったという。そして，1967年の日本教育心学会第9回総会のシンポジウム「戦後教育心理学の反省」を経て，不毛性についての認識が広まったというのである。その後も，日本教育心理学会では，「教育心理学は教育に役立つか」といったたぐいのテーマで定期的にシンポジウムが開催されてきた。他の心理学の分野でも事情は同じであろう。また現在でも，心理学の成果がどのように現実の問題の解決に寄与するのかという点については，議論のあるところである。

（2）学会誌にみられる実践研究の枠組み

いくつかの学会誌では，「実践研究」というカテゴリーが設けられている。ここでは，2つの学会を取り上げてみよう。まず，日本特殊教育学会（2017）では，『特殊教育学研究』編集規程で原著論文，資料論文，実践研究論文，展望論文という4つのカテゴリーを設けている。このうち，実践研究論文については，「実践研究論文は，教育，福祉，医療などの実践を通して，実際的な問題の究明や解決を目的とする研究論文とする」と定められている。一方，原著論文については，「原著論文は，理論，実験，事例等に関する研究論文とする」と規定されている。実践研究論文にも，理論，実験，事例が含まれることがあることからすると，両者の区別は必ずしも明確ではないように思われる。

次に，日本教育心理学会（2017）では，『教育心理学研究』編集規程において原著論文と展望論文の2つのカテゴリーが設けられている。そのうち，原著論文については，「原著論文は，実証的，実践的，または理論的な研究とする」と定められている。また，実践研究については，「原著論文の内，実践研究は，教育方法，学習・発達相談，心理臨床等の教育の現実場面における実践を対象として，教育実践の改善を直接に目指した具体的な提言を行う教育心理学的研究を指す。この場合，小・中・高校の学校教育のみでなく，幼児教育，高等教育，社会教育等の教育実践を広く含めるものとする。」と規定されている。

ここから，日本特殊教育学会でも日本教育心理学会でも，実践研究を，①教育，福祉，医療等の現場を対象にしていること，②現場で起こっている問題の改善，解決を目指す研究として位置づけている点では共通している。しかし，論文のカテゴリーについては異なっている。すなわち，『特殊教育学研究』で

は原著論文と実践研究論文は別のカテゴリーに分類されている。一方，『教育心理学研究』では原著論文の中に実践研究論文が位置づけられている。実践研究論文もオリジナルな論文であることには変わりはないという点で，実践研究論文を原著論文に含めることは納得できる。しかし，実践研究ではない原著論文（非実践研究論文）はどのような名前で呼ばれるのかについては，明記されていない。その点で，実践研究論文とは何かについて考えることは，原著論文とは何かについて考えることにつながると考えられる。

（3）実践研究の性格

高瀬（1975a）は，実践研究を「実践活動を通して，現実の担っている全体的パターン並びにその独自性を損なうことなしに，当の現実を構成し彩っている本質構造を解明し，同時に，現実の変革，発展に資する研究」と定義している。必ずしもわかりやすい定義とはいえないが，次の要件を含んでいると理解できる。すなわち，①個人（集団）の生活している場の独自性を尊重すること，②個人と個人を取り巻く環境との相互作用のパターンを解明すること，③個人の生活を改善することに役立つことの3点である。

これに関連して，高瀬（1975b）は，「実践状況の一回的性格」についても言及している。すなわち，目の前の特定の人が抱える現実とその現実に対して働きかけを行う人（実践者，支援者）との間で行われるやりとりの流れ（実践）は，その人々の関係の中で起こる時間的変化であるという点で，厳密な意味では再現性のない，一回限りの，個性記述的研究の性格をもつことになる，というのである。したがって，実践研究には，得られた結果がどこまで一般化可能かという問題が常につきまとうことになる。しかし，実践研究は，一般化と無縁なわけではない。個々の研究から得られた知見をまとめ，類型化することによって一般化可能性が高まるという。このような観点は，「実践的還元」と呼ばれる。すなわち，実践研究の結果，確かめられた仮説や理論を再び実践の場に適用し，その妥当性を検討すると同時に，実践の積み重ねから人の変化に影響を及ぼす要因の整理を行うということである。

2 実践研究の進め方

(1) 実践の独自性——研究と実践

　実践研究は，「研究」という名前が示すとおり，独自性をもたなければならない。独自性というと革新的な研究を想像するかもしれないが，必ずしも独創的である必要はない。独自性は，テーマ，対象，発達アセスメント，支援目標，支援方法，支援結果の評価方法など多岐にわたる。たとえば，重要なテーマにもかかわらず，今まで検討されてこなかったテーマを取り上げることも独自性の一つである。しかし，今まで取り上げられていないというだけでは独自性にはならない。発達支援にとって検討すべき重要なテーマであるという点がポイントとなる。

　対象の独自性には，支援方法が従来のものであったとしても，今まで適用されてこなかった特性をもつ人へ適用することなども含まれる。また，実践研究は，支援の対象となる人の発達的特徴の理解に基づいてなされるという点で，発達アセスメント，支援目標，支援方法において独自性が発揮されやすいと考えられる。さらに，支援目標や支援方法が異なれば，支援結果の評価も異なるという点で，支援結果の評価にも独自性が発揮されやすいであろう。

　逆に，独自性がない実践とは何かを考えてみることもできる。すなわち，従来から多く取り上げられてきたテーマについて，従来からの対象者に，従来と同じ方法で支援したら，従来通りのよい方向へと変化した，という実践は研究と言えるだろうか。このような実践は，保育・教育としては成功した実践と言えるかもしれないが，研究とは言えないだろう。それは，その実践によって何も新たな知見が付け加えられないからである。すなわち，研究の独自性は，その学問領域に新たに付け加える知見があるか否かによって決まる。

　なお，実践研究を進めるのに当たって，まず考慮しなければならないのが，研究の倫理である。倫理は，実践研究だけでなく，すべての研究において重要なものである。また，求められるのは，守らないと叱られる，守らないと論文が掲載されないといった受動的倫理観ではない。倫理的視点を欠いた研究は，対象者に否定的影響を与えるとともに，どの社会・文化にも位置づけられない

「発達」を明らかにしようとする研究になってしまうと考えられる。研究，とりわけ実践研究については，能動的倫理観をもって研究に臨むことが求められる（本郷，1997）。

（2）実践研究における仮説の役割

　実践研究においても仮説は必要である。発達支援を例として考えてみよう。通常，個人の能力や特性の測定結果から直接支援目標が導かれるわけではない。発達アセスメントの結果に基づいて，支援目標や支援方法が決定されるのである。すなわち，発達アセスメントには，能力，特性に関する測定結果からその個人の中で起こっている心理的メカニズムや発達のプロセスを推測することが含まれる。また，発達アセスメントを行う専門家だけが支援に関わるわけではない。通常は，保護者，教師などと発達アセスメントの結果，そこから導かれた支援目標，支援内容を共有して支援を行う。そのような共有がなされてこそ，支援の効果を高めることができる（本郷，2016）。その点で，支援の根拠となる理論的仮定，すなわち仮説が重要となる。

　しかし，実践とともに様々な要因が変化することがある。したがって，実践研究では，一度立てた仮説を支援の過程で変更する必要が出てくる。たとえば，①当初，立てた支援計画に基づいて支援を開始したものの予想通りの変化がない場合，②当初は想定していなかったスピードで変化が起こった場合，③当初は予想していなかった領域における変化が起こってしまったため，新たな対応が必要になった場合などが考えられる。発達支援は，1回限りの関わりというよりも，時間の流れの中で継続的な関わりの中で行われる。したがって，支援期間が長くなればなるほど，途中の経過の中で仮説を変更することも必要になってくる。

　なお，仮説は，単なる予想とは異なる。「Xのような支援をすればZのような結果になる」というのは，予想であっても仮説ではない。仮説の場合，「Xのような支援をすれば，Yのようなメカニズムによって，Zのような結果になる。」，あるいは，「Xのような支援をすればZのような結果になる。それは，Yのようなメカニズムが働くからだ。」といったように，ある種の理論的仮定に基づく人の変化に関するメカニズムが記述される必要がある。また，仮説は，その適

用範囲が明示される必要がある。すべての人に適応可能な仮説というものはない。ポパー（Popper,K.R.）が言うように，その適応範囲が明示されていてこそ，理論や仮説の意味がある（Popper,1977）。

（3）実践研究における効果の検証

　一般に，仮説は，追試可能な研究において，いつ誰が操作しようと検証されるべき性質のものであると捉えられる。しかし，実践研究における仮説は，そうした手続き上の保証が得られるとは限らない。この点について，相馬（1975）は，ある困った子どもを指導するのに当たって，教師がこの子には愛情が必要だと仮定した場合の例を挙げて説明している。この場合，その子の性質をAとし，愛情という条件をBとし，望ましい指導効果をCとすれば，Aに条件Bを付与すればCになるという仮説（予想）が成立する。しかし，次々に進行する子どもの行動に対してその教師特有の愛情のかけ方があったり，愛情をかける場面やその様相が複雑で克明に観察することが不可能であったりもする。その点で，教育実践そのものは，明らかに操作であるが，操作主義の検証方法からは，質的にも距離的にも隔たっている，と述べている。しかし，実践研究では仮説を立てなくてよいと言っているわけではない。その複雑な様相を考慮した仮説の検証が必要だということであろう。

　実践研究は，その対象者が一人であろうと複数であろうと，人と人との関係の結果として生まれる。その点で，厳密な意味での研究の再現性は難しい。それは，程度の差こそあれ，心理学の領域においては統制された実験室実験においても同じことがいえるかもしれない。とりわけ，実践研究においては，研究の蓄積が重要となる。すなわち，同じような対象に同じような支援を行って同じような結果が得られたことを通して，支援方法の実践性が次第に確立されてくる。また，同じと思った対象に，同じと思った方法で支援した結果，違った結果が得られることによって，その支援方法の適用限界が明らかになる。それらのプロセスを経て，適用範囲を明確にもつ有効な支援方法が開発されることになると考えられる。

3 実践研究のすすめ

（１）実践研究の定義

これまでの議論を踏まえて，改めて実践研究を定義してみよう。実践研究は，次の7点を備えた研究といえるであろう。

①実践的目的

実践研究は，保育・教育・医療などの場面における，人の生活の改善を目指す研究である。日常の生活場面を対象としていても，広い意味での人の生活の改善を目指していない研究，あるいは生活の一部を切り取って記述するだけでは実践研究とはいえない。

②倫理

実践研究は，倫理的基準を満たした研究である。いくら興味深い結果が得られた研究であっても，倫理的基準を満たしていない研究は，結果的に人の生活を豊かにすることにはつながらない。

③仮説

実践研究は，ある仮説に基づいて行われる研究である。仮説は，研究の過程で変更されることもある。しかし，特定の行動の変化やエピソード記録だけでは，実践報告にはなっても実践研究とはならない。

④独自性

実践研究は，独自性を備えていなければならない。これまでの支援方法では，うまくいかなかった人，事柄に対して新たな発達アセスメントや支援の方法などを提案するものである。

⑤時間軸

実践研究は，人の時系列的変化を扱わなくてはならない。一時点の人の状態を記述するだけでは，実践研究にはならない。その点で，縦断的研究法が基本である。事前－事後法がここに含まれるかについては操作の中身に依存する。なお，縦断的研究の場合，ＡＢＡデザイン，すなわち，ベースライン（Ａ段階）－介入した結果（Ｂ段階）－介入を除去した結果（Ａ段階）というデザインで

なければならないわけではない。ＡＢＡデザインは，ＡＢデザインと比べて効果の検証という点では優れているところがあるが，効果的な支援を止めて再びベースラインに戻すことに関しては，倫理的問題が生じることもある。

⑥実践的関わり

実践研究の実施者は，支援に直接関わっている支援者である。また，支援には直接関わらないものの実践研究の最初から支援者とともに支援目標，支援方法，支援の評価の過程に携わる人も実践研究の実施者といえる。しかし，研究が終わった後に，データの分析や論文の記載に対する助言を行っただけの者は実践研究の担い手とは言えない。

⑦理論的考察

実践研究では，測定された結果が量的なものなのか質的なものなのかは問われない。しかし，結果の記述だけではなく，仮説の妥当性，仮説の適用範囲や仮説の根拠となった理論についての考察が必要となる。なお，研究の方法が，実験なのか，調査なのか，事例研究なのかについても問われない。また，実践研究においては，第三者からの評価ではなく，自分自身で行う評価が重要となる。

表1-1（次頁）には，実践研究，非実践研究，実践報告に分けて，上記の要件がどの研究に求められるかが示されている。

（２）実践研究のメリット

現場の支援者にとっては，自分の実践が必ずしも研究である必要はないかもしれない。支援の結果，目の前の人の生活が改善されればそれだけでよいかもしれない。その点で，実践報告ですらなくてもよいかもしれない。それでは，なぜ，自分の実践を実践研究に位置づけることが重要なのであろうか。それには大きく２つある。第１に，支援を実践研究に位置づけることによって，自分の支援がより充実すると考えられる。第２に，実践研究を公にすることによってその領域全体の専門性が向上すると考えられる。この点について，日本臨床発達心理士会（2017）の『臨床発達心理実践研究』の執筆の手引きには，「実践研究の目的」として次の３つのことが述べられている。①実践方法の共有：実践の方法論を多くの臨床発達心理士が共有することによって，より効果的で効率

表1-1　実践研究の位置づけ

項　目	実践研究	非実践研究	実践報告
実践的目的	○		○
倫理	○	○	○
仮説	○	○	
独自性	○	○	
時間軸	○		○
実践的関わり	○		○
理論的考察	○	○	

的な支援が可能になる。②実践の相対化・自己評価：自分の実践を再現可能な形で第三者に開示し，相対化し，評価を受けることの意義が大きい。③人間探求，発達の新たな理解：実践研究によって，新たな人間理解，発達の理解を目指すことができる。

これに関連して，津守（1978）は，実践研究を生活者が生活者のままで行いうる研究と位置づけ，そのメリットについて次のように述べている。すなわち，実践研究を通して，大人自身が子どもと接して，その行動に意味を見出し，またそれを現実から一歩離れて想像の中において見ることによって，人間の精神の本質に関連する事柄を発見することができるというのである。

このように，実践研究における実践者のメリットは，論文に表した以上の知見を自分自身で得ることができるということであろう。人と接し，人を支援する行為を経験することにより，経験した人にしかわからない感覚も得ることができる。それは，すぐには論文の形に表すことができないかもしれないが，人や人の発達に対する自分自身の理解を深めることにつながる。また，実践研究にかかわった実践者の経験から生まれる感性と知識は，実践者の人間に対する洞察を豊かにするとともに，新たな支援の方向を導き出すことにつながると考えられる。

【文　献】

本郷一夫．（1997）．研究の「主体」とどのようにつきあうか：乳幼児研究における研究倫理．*発達心理学研究*，8(1)，67-69．

本郷一夫．（2016）．アセスメント結果の共有を通した発達支援．*発達*，37(147)，14-19．京都：ミネルヴァ書房．

日本教育心理学会．（2017）．*教育心理学研究*，65(3)．

日本特殊教育学会．（2017）．*特殊教育学研究*，55(1)．

日本臨床発達心理士会．（2017）．*臨床発達心理実践研究*，12(1)．

Popper, K. R. (1977). On hypothesis. Johnson-Laird, P.N., & Wason, P.C. (eds.) *Thinking Readings in Cognitive Science*, 264-273, London: Cambridge University Press.

佐藤達哉．（2003）．日本の教育心理学の歴史．日本教育心理学会編．*教育心理学ハンドブック*，第2章第2節，19-27．東京：有斐閣．

相馬　勇．（1975）．教育的実践研究．続　有恒・高瀬常男編．*心理学研究法13　実践研究*，第4章，71-110．東京：東京大学出版会．

高瀬常男．（1975a）．実践研究の意義．続　有恒・高瀬常男編．*心理学研究法13　実践研究*，第1章，1-19．東京：東京大学出版会．

高瀬常男．（1975b）．実践研究の方法論的課題．続　有恒・高瀬常男編．*心理学研究法13　実践研究*，第2章，21-36．東京：東京大学出版会．

津守　真．（1978）．児童学総説実践研究の意味依存と受容をめぐって．*家政学雑誌*，29(1)，11-16．

続　有恒・高瀬常男編．（1975）．*心理学研究法13　実践研究*，東京：東京大学出版会．

第Ⅰ部　実践研究の進め方——実践研究の基本的な考え方

第2章　実践研究における研究者倫理[註]

斉藤こずゑ

1　はじめに

　発達心理学や臨床発達心理に関わる人は主に子ども，そして人一般への感度が高く良い関係が得られるのではないかと，むしろ感受性が高そうな文学分野の同僚に尋ねられ一瞬答えに窮したことがある。確かに専門知識のおかげで成功例はあるかもしれないが，自身がかかわる人間関係となると客観的知識の運用に失敗する場合も多々ある。この章のテーマである研究者倫理も，行動規範とはいえ知識として蓄えられた研究倫理を実践の様々な場面に応用していくには，マニュアルのままでは役立てることができない。レシピにしろ英会話のフレーズにしろ，行動の手引きとなるマニュアルを実際に実行し運用する中で気づくことは，客観的知識として身に着けたことや他者の気づきとも異なる，自分のオリジナルな実践的知識となる。したがって知識の実践による気づきへの感度を鋭敏にすることが第一に必要だ。

　たとえば，筆者は，国連子どもの権利条約に，子どもが提供，保護を受ける権利，子どもの意見の表明や参加の自由の権利が謳われていることは一応理解しており，実際にいつも子どもの立場を重視して子どもに待遇したいと思っていた。ある事情で急きょ研究参加者の母子を自宅に招き入れる事態となったときのこと，何も用意のない筆者宅を一通り探索した後で，その3歳の女児は呆れたように訴えた。「子どもにはおもちゃやテレビがいるの，分かってる？」。

註：本章では「研究者倫理」を，「研究倫理（規程）」を実際に用いる研究者が内面化した倫理に焦点化した概念として，「研究倫理（規程）」とは区別した。その上で，後者を解説することにより読者の研究者倫理に寄与することを目標とした。

いつも観察にお邪魔していたその子の家は確かにおもちゃにあふれていた……配慮なく招いたことに謝りつつ，子どもの権利を守る実践の難しさにも思い当たった。

また，他の母子の家で観察していた折に，都合で明日のスイミングスクールを休むと伝えた母親に，「私は明日は休みたくない，ママは休む方を選ぶけど私は行く方を選ぶ」としっかり主張した3歳児がいた。誠実なこの母親はちょっと困ったようだったが丁寧に説明し長めの交渉となった。この母子はこういうやりとりに慣れており，一方的に大人が決めることで交渉を終わらせることはなかったのだ。

毎日の限りない選択のたびごとに子どもと議論，交渉をする必要が生じたら大変だと思うかもしれないが，大人が子どもをなだめすかして無理強いすることのストレスもなく，子どもにも正当な交渉の仕方に慣れてもらえるなら，その後はとても楽に事が運びそうだ。もし子どもの言いなりになって甘やかすことで大人の言う事を聞かない子になり大人は影響力を失うのではないかと懸念するとしたら，それはもともと大人も子どもとの正当な交渉をしてこなかったため，そういうやり方に慣れていないことから生じる不安にすぎないのかもしれない。ちなみにこれらの事例は日本人の母親と外国人の父親を持つ子どもの事例で，日本で暮らしながらも育児の文化差が影響していたことも考えられる。日本文化の子ども観の中で子どもを保護する傾向に慣れている筆者を含めた大人にとっては，子どもの意見表明の力，決定への参加の権利を認め，大人が提供，保護するだけではない子どもとのやり取りも認める必要があるようだ。

前置きが長くなったが，子どもをめぐる研究倫理の実践的問題のキーポイントは，大人である研究者が研究参加者である子どもとの関係をどのようにイメージし，実際にどのような関係を持つべきかということにある。この点についてまずは倫理と人権の関係を理解し，各種機関で策定している研究倫理規程をインフォームド・コンセントに注目して比較しつつ，現時点での問題点も含めて考察していきたい。

2 子どもをめぐる研究倫理と子どもの権利

(1) 子どもの権利を反映する研究倫理

　第二次大戦後の国際軍事裁判の結果，1947年にニュルンベルグ綱領として医療研究倫理の原理が定められた後，1948年に世界人権宣言がすべての人に適用され，1959年には国際連合が児童の権利宣言を採択し，世界医師会は1964年にヘルシンキ宣言「人を対象とする医学研究の倫理的原則」を採択した。この最初の研究倫理の表明は1966年の国際人権規約，1989年の子どもの権利条約採択など人権の条約化に密接に関わった。このような歴史的概略からもいかに人権と研究倫理が相互因果的に深く関わりながら主張されてきたかが伺える。子どもの権利に関する条約についてみていくと，1990年に国際条約として発効し日本は1994年に批准した。条約は54の条項によって，全ての子どもの市民的，政治的，経済的，社会的，文化的権利を規程している。紙面の都合で全掲載はできないので外務省のサイトなどから参照しつつ本論を読んでほしい。

　ベル（Bell, 2008）は，研究倫理と子どもの権利の関係について，両者の歴史的起源を確認し，英国内外の諸学会や公共機関の倫理規程を権利に基づく観点から分析している。ベルによれば，多くの研究倫理規程が人権の原理について言及しているものの，特に社会科学研究に限定すると子どもの研究に特化したものも含めて，研究倫理規程は国連の子どもの権利条約の中で明確に表現されている人権の原理への直接的参照が著しく欠けていた。ベルは，人権を，放棄したり否定したりできない義務であり人の普遍的な権利と定義し，特に子どもの研究者は子どもの権利を保護し促進する義務を忘れてはいけないので，研究者の用いる研究倫理規程は人権の原理の情報を含むべきだとしている。さらに，研究者は子ども研究の中で出会う避けられない倫理的葛藤についての考察をするためにも，子どもの権利条約を利用すべきだと論じている。またベルの調べた時期は変化の時期で次第に人権の原理が研究倫理に反映されていき，その結果，子どもの研究では権利に基づく研究法が促進されていくと予測している。ベルの予測は10年後の現在を十分に言い当てているだろうか。

　戦後の経緯から提出されたヘルシンキ宣言の中で最も重視されたのは，参加

者が自由意志で参加の同意を示すインフォームド・コンセントだった。ヘルシンキ宣言は医学領域の研究に関わるが，文化人類学，心理学など社会科学領域にも早期から影響し続け，ヘルシンキ宣言自体も改訂され（1989年，1996年）子どものインフォームド・コンセントにも言及している。そこで子どもの同意に関する最近の問題を次に紹介したい。

（２）アセントは子どもの権利を守るか

　必ずしも子どもの権利条約を構成する用語ではないが，「3Ps」などいくつかの鍵となる概念で条約の内容を分類し子どもの権利の性質を検討することがある。3Psとは提供（provision），保護（protection），参加（participation）を意味し，場合によっては4Psとして，予防（prevention）あるいはパワー（power）を加えるべきだという指摘もある（Alderson, 2017）。3Psはいずれも子どもの権利に含めることが期待されている必須概念だが，子どもへの大人からの資源の提供や，大人による子どもの保護に比べて，子どもの参加の権利は実現が遅れており，2018年現在もいくつかの実践的試みが子どもの自己決定への参加を検討している（UNICEF, 2018）。

　さらに4番目のPとして期待されるパワーについて，オルダーソン（2017）は，子どものパワーを認めることが大人と平等に人権を保障することになるといい，圧倒的に大人に偏った力関係の中で子どものパワーを認めることの難しさと，逆説的だが子どもの権利条約の必要性自体が，子どものパワーが大人に比して弱いことの証拠だと見なしている。人権は，公民（civil），政治（political），社会（social）という構成概念で成り立っており，子どもの権利についてもパワーのない子どもであることを再構成する3Psではなく人権の3つの構成概念をそのまま用いるべきではないかという意見もある（Quennerstedt, 2010）。日本では2016年に児童福祉法改正があり，児童の福祉を保障するための原理の明確化などの内容がようやく，批准から22年になる子どもの権利条約を反映した内容になった。これ自体は評価できるものの，すでに世界の動きの一部は，子どもに特化して作られた子どもの権利条約に全面的に満足しそこに留まってはいない。その影響は子どもをめぐる研究倫理にも及んでいる。日本でも子どものインフォームド・コンセントはアセントと読み替えられることが常

識のようになって来たが，子どもの自己決定のパワーや権利を損なう可能性も指摘されている（Alderson & Morrow, 2011：斉藤, 2018）。

　アセント（assent）もコンセント（consent）も「同意する」と訳せるので区別がつきにくいが，英語の母語話者の語感や辞書の比較によると，両者の同意という意味には微妙な違いがあり，アセントには賛同する／承諾するニュアンスが強いのに対して，コンセントには許可する／公認するニュアンスがあるという。要するにアセントの場合には，提示された意見に対して同等または従う立場から賛意を示すと考えられるのに対して，コンセントの場合には，力関係で優位な立場から評価し，請け合うといった同意だと考えられる。そこで，子どもに対してインフォームド・コンセント手続きが用いられない時にはインフォームド・アセントを用いるように明記した研究倫理規程では，策定者の意図の有無によらず，子どもの自己決定のパワーを損なう可能性があることにも配慮する必要がある。

　国内外の学会の研究倫理規程や，文部科学省・厚生労働省による「人を対象とする医学系研究に関する倫理指針」（2014）でも用いられているアセントだが，アセント概念を倫理規程の中で用いるか否かは国や学会によっても異なる。ハーコートら（Harcourt & Quennerstedt, 2014）がオーストラリア（2007）とスウェーデン（2011）の政府機関の研究倫理規程を精査した結果，両国ともアセントは用いていない。米国では早くからアセントに関する研究（Leikin, 1983）や研究倫理規程への明記がある。米国保健福祉省の被験者保護局が推進する連邦規則（45CFR§46, Subpart D, 1983）には「アセント」や「最少のリスク」の定義から「代諾者の許可との併用の条件」に至るまで詳しく書かれている。しかし，子どもの年齢に関しては一切記述がないので，年齢に基づく判断は申請研究の倫理審査をする機関審査委員会（IRB）の責任だとされ，米国小児科学会は「7歳ルール」という慣習ルールを用いているという。それによれば7歳未満は能力がなく，7〜14歳は議論の余地のある未成年，14歳以上を成人と同じとする。米国における初期の研究ではピアジェやウェルナーなど発達段階理論を参照した論文（Leikin, 1983）も散見されるので，慣習法的な年齢段階の判断に発達心理学的な知識が寄与していたとすれば，ある程度妥当な年齢に応じた発達の理解と言えるかもしれない。

アセントとコンセントのどちらを子どもが行えるか判定することは非常に重要な境界を定めることであるので，その拠り所となる基準については当事者だけでなく第三者にも理解できるよう明確で可視化可能なものにする必要がある。境界が重要なのはそれによって子どもの権利の実現が全く異なるからである。自己決定のパワーと参加という成人並みの権利を可能にするのはコンセントであり，逆にアセントを与える子どもは大人に保護を提供される代わりに自己決定の権利を代諾者に預けるか分与することになる。未成年の脆弱な子どものために用意されたアセントという装置が逆に子どもの権利を阻むことにならないよう，自発的な判断に基づく意見を表明可能か否かといった子どもの能力について，正当に判定する方法が発達心理学に要請されている。この点は5節で述べたい。

3 発達研究者が指針とすべき研究倫理とは

一般社団法人臨床発達心理認定運営機構は日本発達心理学会など4つの学会の協力により運営されており，それぞれに倫理に関する規程を定めているが，運営機構にも倫理綱領があり，さらに倫理相談も受け付けている。臨床実践活動のある組織は倫理的対応の準備が十分にできていると思うが，いわゆる学術研究中心で子どもを対象にしない学問領域の学会では，論文執筆に関わる著作権関係や学会内および教育におけるハラスメントなどの規程に限定されがちだ。自分の領域だけではなくほかの学会や組織の研究倫理規程および手引きを比較し，共通性と独自性を見つけ出すことが研究倫理に関する思考力を養うと思う。そのためにも国内外を問わず様々な研究倫理規程を参照してほしい。条項が多く細やかであることが倫理的に優れているわけではなく，場合によってはさまざまな条件をつけることで最も大切で単純な原理を曖昧にしていることもある。ヘルシンキ宣言やベルモント・レポート（1979）のように過去の倫理的問題への反省から策定されたものは，目標と禁忌事項が明確なためシンプルで力強い規準になっている。

では私たちが発達関連の所属学会以外の規程で実際に参照すべき研究倫理規程はどれだろうか。一つには所属する機関の倫理規程だが，他分野の研究を対

象とする一般的なものである場合には、研究計画の細部の決定にはあまり役立たない。そこで心理学分野なら、研究で用いる方法別に考慮すべき倫理規準が詳しく書かれている公益社団法人日本心理学会の倫理規程（2009）を参照することもできる。また文部科学省・厚生労働省による「人を対象とする医学系研究に関する倫理指針」は医療分野だが国で定めた領域横断的で包括的な指針はこれ以外にはないので参照する価値がある。この指針の詳細な解説である別冊のガイダンス（2015）も検討に値する。その34頁では以下の断り書きで医学系研究以外の適用範囲について説明している。読者はこれをどのように解釈するだろうか。

---

1 第3の1の規定は、第2(1)で定義する「人を対象とする医学系研究」のうち、この指針を適用する研究、或いは適用しない研究について定めたものである。
この指針は「人を対象とする医学系研究」に関する倫理指針であり、「人を対象とする医学系研究」の定義に当てはまらない研究は、この指針の対象でない。例えば、心理学、社会学、教育学等の人文・社会科学分野のみに係る研究や、工学分野等の研究のうち、国民の健康の保持増進に資する知識を得ること、患者の傷病からの回復及び生活の質の向上に資する知識を得ることを目的としないものは、この指針の対象でないが、研究対象者から取得した情報を用いる等、その内容に応じて、適正な実施を図る上でこの指針は参考となり得る。

4　研究倫理指針の普遍性と個別性

　研究倫理指針や権利条約などの利用に際しては、普遍的一般的な条項を個別事象に当てはめる作業が必要だ。しかし個々の研究倫理規程を比較すると特定条項の有無のほかにも、条項ごとに様々な理由から共通点と差異がある。ここではまたインフォームド・コンセントを取り上げ研究参加者の年齢、知的能力、言語などに対応した倫理条項のバリエーションのほか、研究者の研究を行う文化社会の違いと倫理規定の関係を考える。

研究倫理指針の実践とは，普遍的な倫理条項を個別的な状況に当てはめるということだけではない。元となる基本の一般的倫理指針からさまざまな個別的倫理指針が策定され，それが個々の実践の指針となることもある。この普遍から個別への動きは，国際的条項から個別国内・地域の条項へ，学際領域の条項から個別学問領域の条項へなどの軸のほかに，人一般の条項から人の個別的条件へ対応した条項へなどの軸があり，コンセントからアセントの概念が加わったのもその一つだ。そしてこれらの普遍から個別への動きは単一の軸ではなく軸が重複する可能性もある。例えばコンセントからアセントといった人の個別性対応の軸は，通文化から個別文化への軸と重なると，アセント概念の評価，具体的手続き条件などもさらに変化する可能性がある。そこで一般的研究倫理指針を具体的な自分の研究に当てはめる前に，さまざまな個別的研究倫理指針を比較検討し，最も自分の研究に相応しい指針や条項を参考にしたい。もちろん特定の機関審査委員会に申請するためには指定された指針を利用しそのガイダンスを受ける必要もある。しかし研究倫理指針に自分の研究を制約する規則の枠としてだけ関わるのではなく，英知の結晶のような多様な倫理指針を自由に参照することで自身の研究計画や実践に新しい自覚や発見を導くことができる。

　上述したように米国では子どもの言語，認知能力を考慮して，積極的な正否判断を要するコンセントではなく，部分的な情報理解から賛意の有無を表すだけでよいアセントを用意した。それに加えさらに機関審査委員会によるアセント要請放棄の条件があり，その根拠が曖昧だということについても，米国の連邦規則（45CFR§46, Subpart D, 1983）に対する英国圏からの批判がある（Alderson & Morrow, 2011）。この批判は子どもの権利条約を批准していない米国の立場など，米英の政治や法，社会文化的な子ども観の違いを感じさせる。子どもの権利条約や研究倫理指針の文化比較をしていると，子ども観や育児観の違いが条約や規則の解釈に影響する可能性を感じる。発達段階理論やテスト検査尺度について，それらが作られたオリジナルな文化社会の影響を受けているため普遍的な道具とはみなせないということに気づかれて久しい。しかし，それらを応用し利用する価値を追及する研究の積み重ねによって，日本の文化社会に適切な形に整備されてきた歴史がある。

子どもの権利条約，子どもをめぐる研究倫理においても，同じような試みが早急になされることが期待される。そこでは子どもを含めた人権の普遍性や，普遍的倫理観に基づく研究倫理を，「普遍的」という揺らぎない言葉に圧倒されてただ鵜呑みにするのではなく，日本の子どもの現状に合わせた実践の場でどのように修正され応用されるべきかを判断しなければならないという難しい課題が待ちかまえている。その難しさは，第一に，普遍を修正するだけの個別的な根拠が見出せるのか，それが普遍の許容範囲を広げる貢献になるのかを如何に判断するかということであり，第二に，普遍を受け入れて個別的な現状を修正すべき根拠が見出せるのか，それが日本の個別的な慣習の許容範囲を子どもにも社会にも良い方向に広げる貢献になるのかをいかに判断するかということである。この二つの困難な課題についてバランスの取れた解決をするという必要性自体も，世界基準の子どもの権利や研究倫理の適用をさらに難しい課題にしている。

5　研究倫理・子どもの権利を学ぶ研究参加者

　研究倫理指針も子どもの権利条約も，研究を行う研究者や機関審査委員会，子どもと対峙する職業の大人，養育者など，指針や条約を用いる側の人たちが深く理解していることは重要であり，そういう人たちが学ぶ機会やガイダンスは多くはないが用意され，自発的に学ぶ人も少なくはない。

　逆に研究に参加する参加者の側はどうだろう？　人と人の関係に関する規則は，すべての人が共通して理解している方が，実際に研究倫理や，人権の上での問題事態に直面したときには，共有知識をもとに話し合いや交渉もスムーズにいくはずである。現実には参加する側にこそ必要な理解などの準備が欠けていることがある。例えば，医学領域のインフォームド・コンセント手続きは最近は徹底しているが，慣れるまでは同意が必要なほど重篤な病状だったのかと疑心暗鬼になる患者や家族が多かった。あらかじめ医療現場に即して患者の家族など当事者に必要な実践的手引きの教育が与えられていたらこのようなことは起こらなかったはずだ。医療だけでなく一般に研究倫理は研究実施側には手厚い教育も用意されているが，それと同じかそれ以上に研究参加者向けにも一

般的知識と実践的手引きが用意されている必要があり，これは人権の観点からも妥当なことだと思われる。

　研究倫理の教育と子どもの権利の教育とは分けて考えた方がよいかもしれない。まず研究倫理に関しては研究参加者が研究倫理の内容を詳しく知り理解したいという課題意識を持ったり，あらかじめすべての人が日常的に学ぶ必要のある知識として教育内容に組み込まれるということは筆者の知る限りでは存在しない。これは今後の課題として重要だ。他方，子どもの権利条約は1959年の児童権利宣言以来かなり遅れて1989年に児童の権利に関する条約となったが，1966年の国際人権規約発効以後，人全般，主に大人に関する人権教育がさまざまな場面で存在するのに比して，子どもの権利を詳しく子どもに教えることも教科書も未だに少ない。日本ユニセフは「子どもと先生の広場」という教育のページを用意し，そこではわかりやすい記述で子どもの権利条約の条項とイラストを載せている。福祉意識の高いスウェーデンでは研究論文以外にも権利関係の一般出版物が多いが，幼い子ども向けには，絵本作家で子ども向けの死に関する絵本でも有名なパニラ・スターフェルト（Stalfelt.P）が2010年に，『全ての子どもにとっての権利――子どもの権利条約についての絵本』として出版している。また，1990年にスウェーデンのNGOセーブ・ザ・チルドレンの発行した子どもの権利条約パンフレットのイラストが，2017年に絵本になって日本で発行された（川名，1990）。この絵本では54条項から重要な17条項を選び，優しい解説とイラストを載せている。子ども向けには文章だけでなくイメージを喚起する媒体が役立つが，写真より描写の優しいイラストの方が理解を促す可能性もある。こういった素材を使って子どもの理解や意見を導く方法を模索する必要がある。研究倫理に関しても優しい媒体を用意し，実際に研究参加者として参加するか否かによらず，子どもに日常的に教育していくことが子どもの権利にも適うだろう。

6　研究倫理・子どもの権利の実践に寄与する発達研究

　研究倫理を検討してみると，発達研究による知見から，現状の研究倫理をより妥当なものにしていく必要性に気づく。同じことが子どもの権利についても

考えられ，発達研究が寄与できることは多い。その役割は子どもの具体的な発達基準の提供である。それは以下に示すように「人を対象とする医学系研究に関する倫理指針 ガイダンス」(2015) が発達に関する基準を他に求めている様子からもうかがえる。そこで用いている年齢の基準は民法や教育課程，米国小児科学会の「7歳ルール」など様々である。「能力を欠くと客観的に判断される」というアセントの定義自体もあいまいだ。

> 2　(17) 及び (19) の「インフォームド・コンセントを与える能力を欠くと客観的に判断される」とは，その研究の実施に携わっていない者からみても，そう判断されることを指す。なお，インフォームド・コンセントを与える能力は，実施又は継続されようとする研究の内容 (研究対象者への負担並びに予測されるリスク及び利益の有無，内容等) との関係でそれぞれ異なると考えられ，同一人が，ある研究についてはインフォームド・コンセントを与える能力を欠くが，別の研究についてはインフォームド・コンセントを与える能力を有するということもあり得る。(p.18)
>
> 3　諸外国において「アセント」又は「インフォームド・アセント」は小児を研究対象者とする場合について用いられることが多いが，この指針では，小児に限らず，インフォームド・コンセントを与える能力を欠くと客観的に判断される研究対象者が，研究を実施されることに自らの意思を表すことができる場合に，その程度や状況に応じて，インフォームド・アセントを得るよう規定している。(p.18)
>
> 小児被験者からアセントを取得する年齢について，米国小児学会のガイドラインを参考に，おおむね7歳以上 (文書によるアセントは，おおむね中学生以上) との目安を示しており，研究の内容に応じて適宜参考としてよい (p.130)
>
> 「未成年者」は，民法の規定に準じて，満20歳未満であって婚姻したことがない者を指す (p.128)

実践研究における研究者倫理　第2章

> 「中学校等の課程を修了」については，日本における中学校等の課程を想定しており，外国の中学校等の課程を修了した場合においては，基本的に16歳以上であることを要件とする。「中学校等」には，中学校に相当する特別支援学校などが含まれる (p.128)
>
> 「研究を実施されることに関する十分な判断能力を有すると判断される」に関して，中学校等の課程を修了している又は16歳以上の未成年者について，健常な精神の発達及び精神的な健康が認められれば，基本的に，研究を実施されることに関する十分な判断能力を有するものと判断してよい。なお，侵襲を伴う研究に関しては，そうした研究対象者単独で有効なインフォームド・コンセントを与えることはできず，親権者等の代諾者からインフォームド・コンセントを受けた上で，(3) の規定により，当該研究対象者からもインフォームド・コンセントを受ける必要がある。(p.128)

　研究倫理も子どもの権利も，そこで書かれている一般的な基準は具体化しなくては実際の子どもに当てはめることはできない。しかし一般的な基準を具体的事象に当てはめる時には，それが適切な対応づけか否かの判断基準が必要になる。その基準となる物差しは発達の過程や，年齢に応じた発達の特徴になるので，この基準を知るには発達研究を参照する必要がでてくる。発達に関するいろいろな物差しや目盛りの大小があってこそ，眼の前の子どもの実態をきめ細やかに把握でき，それをよりどころに研究倫理や権利条項を適切に当てはめることができる。目の前の具体的な子どもの能力を推し量る時には，判断をする研究者や，養育者は自分の既有知識に暗黙裡に依存しているはずだ。例えるなら，発達の物差しを媒介にして研究倫理や子どもの権利を具体的事例に結び付けるのである。

　このように専門家としての発達研究者の持っている知見は研究倫理や子どもの権利の適用の判断に役立つものだが，先に述べたように，事実には全く逆の二面からの解釈ができるため，アセントの例が示すように，子どもの保護，提供を受ける権利には適っても場合によっては子どもの権利を損なう可能性があ

ることも念頭に置く必要がある。しかしまた逆にこの危険を回避するためにも，発達研究の知見は役立つはずである。たとえばアセントは子どもの発達に適った待遇と言えるのかなど，研究倫理の一つ一つにきめ細かく発達心理学的検討をしていき，その知見を反映した修正を加えることを発達心理学者の側から積極的に行うべきだと思われる。また子どもの権利条約に関しても，一つ一つに発達心理学的な裏付けを照らし合わせていく必要を感じる。したがって，研究倫理規程も子どもの権利条約も単に両者の関わりを明確にして連動させていくだけでは，実際の子どものために寄与するものとはなりえない。この二者の機能を子どもにとって適切なものに調整していく役割は発達心理学の知見が負うものだと言える。子どもの発達の様相を知らずに，子どもに真に必要で適切な権利の数々を決めること自体，子どもの持つ，自身の見解や実態を正当に知ってもらう権利に反するものかもしれない。

　同様に，子どもの研究参加に際して正当で安全で最善の利益の期待される研究倫理の手続きは，子どもの発達の細部を知らずに行うこと自体が倫理に反するとすら思われる。実際に子どもの権利や子どもの研究倫理の分野で出会う論文や研究で，発達心理学的研究からの発達に関わる情報を根拠として利用している研究は筆者の知る限りかなり少ない。現実の子どもと関わる時にこの3領域の間に十分な情報交換の蓄積がないことは大きな問題だ。そして3者を結び付ける要となる発達研究への期待と責任の大きさは明白だといえる。

【文　献】

Alderson, P. (2017). Children's rights and power, In Jones, S. (ed.). *30 years of social change*, Jessica Kingsley Publications, pp. 80-84.
Alderson, P., & Morrow, V. (2017). 子ども・若者とともに行う研究の倫理（斉藤こずゑ，訳）．東京：新曜社．(Alderson, P., & Morrow, V. (2011). *The ethics of research with children and young people: A practical handbook*. New York: Sage Publications.)
米国連邦規則45CFR§46, Subpart D. https://www.hhs.gov/ohrp/regulations-and-policy/regulations/45-cfr-46/index.html#subpartd（2018年1月12日最終閲覧）
Bell, N. (2008). Ethics in child research: rights, reason and responsibilities. *Children's Geographies*, 6, 7-20.
United Nations. (1989, November 20). Convention on the Rights of the Child (General Assembly resolution 44/25. U.N. Doc. A/RES/44/25). http://www.un.org/documents/ga/

res/44/a44r025.htm（2017年10月20日最終閲覧）
外務省．児童の権利に関する条約 全文及び選択議定書（日英対照版パンフレット）．http://www.mofa.go.jp/mofaj/gaiko/jido/pdfs/je_pamph.pdf（2017年10月20日最終閲覧）
Harcourt, D., & Quennerstedt, A. (2014). Ethical Guardrails When Children Participate in Research: Risk and Practice in Sweden and Australia. SAGE Open, 4 (3): 1-8. http://dx.doi.org/10.1177/2158244014543782（2017年12月3日最終閲覧）
川名はつ子（監修），チャーリー・ノーマン（イラスト）．(2017)．はじめまして，子どもの権利条約（かもめの本棚シリーズ）．東海大学出版部．
Leikin, S. L. (1983). Minors' assent or dissent to medical treatment. The Journal of Pediatrics, 102, 169-176.
文部科学省・厚生労働省．(2017)．人を対象とする医学系研究に関する倫理指針．平成26年12月22日（平成29年2月28日一部改正）http://www.mhlw.go.jp/file/06-Seisakujouhou-10600000-Daijinkanboukouseikagakuka/0000153339.pdf（2017年11月25日最終閲覧）
文部科学省・厚生労働省．(2017)．人を対象とする医学系研究に関する倫理指針ガイダンス　平成27年2月9日（平成29年3月8日一部改訂）．http://www.mhlw.go.jp/file/06-Seisakujouhou-10600000-Daijinkanboukouseikagakuka/0000166072.pdf（2017年11月25日最終閲覧）
日本ユニセフ協会．子どもと先生の広場．https://www.unicef.or.jp/kodomo/kenri/syo25-32.htm（2018年1月11日最終閲覧）
Quennerstedt, A. (2010). Children, But Not Really Humans? Critical Reflections on the Hampering Effect of the "3 p's". International Journal of Children's Rights, 18, 619-635.
斉藤こずる．(2018)．「子ども・若者とともに行う研究の倫理」翻訳ノート：アセントの放棄をめぐって．國學院大學教育学研究室紀要，52, 255-263.
UNICEF. Child and youth participation resource guide. https://www.unicef.org/adolescence/cypguide/index_orgs.html（2018年1月6日最終閲覧）

第Ⅱ部

実践研究の方法

行動・意図とその変化の捉え方

第Ⅱ部 実践研究の方法——行動・意図とその変化の捉え方

第3章 実践研究における単一事例デザインを用いた方法

大石幸二

1 単一事例デザインの考え方

(1) 単一事例デザインの特徴

　心理学研究では，意識・行動・態度について，間接尺度を用いて測定する。測定の対象となるのは，心のはたらきである。心のはたらきは数理現象のように定規で計測したり天体運行のように望遠鏡で観測したりできない。だから，測定を行うための尺度（ものさし）を作成して，測定値を得るのである。このようにして作成された尺度は，間接尺度と呼ばれる。

　間接尺度を用いて心理現象を測定する場合，一度だけ（あるいはせいぜい数度の範囲で）測定を行う場合と，繰り返し測定を行う場合がある。繰り返し測定を行う場合には，馴化・順応や練習効果などに気をつける必要がある。けれども，繰り返し測定には一度だけ測定を行う場合に比べて偶然の影響や一過性の変化などに左右されずに済むという利点がある。実践研究を行う場合には，一度（数度）の測定は「査定（assessment）」や「評価（evaluation）」の際に行われることが多く，反復的な測定は「基準値（baseline）」の抽出や「介入（intervention）」の効果判定の際に行われることが多い。

　単一事例デザインでも特定の個人（individual），集団（group），地域（community）を対象として実践研究を進めることができる。単一事例デザインを用いた方法では，その名が示すとおり1（single）ないし少数（small N）の個人，集団，地域が対象となる。これらを総称して単一事例と呼びならわしている。そして，単一事例について査定を行い，基準値の抽出と介入の効果判定を繰り返し，さらに実践の総合評価を実施する。保健・医療・福祉・教育・

生活・労働などの各領域の現場の実情に応じて，実践の意義を確認するために，単一事例デザインが用いられる。

　単一事例デザインでは，まず介入を行う前の状態を確認（基準値を抽出）する作業が必要である。比較対象がなければ，改善や悪化を判定することができないからである。基準値を抽出する作業は，ベースライン（baseline）の測定である。単一事例デザインでは，この作業が必須である。よって，いくつか提案されている研究計画はすべて，ベースラインの測定を実施することが前提となる。

　ベースラインは，保健・医療・福祉・教育・生活・労働などの各領域で現在行われている実践が，どれくらい利用者（consumer）や当事者（client）に望ましい影響を及ぼしているかを前もって確認するものである。利用者や当事者の発達に対して持続的で肯定的な変化が約束されていれば，特別な介入を行う必要はない。一方，利用者や当事者が被る影響が弱く，望ましい変化をもたらしていないということがあれば，現在の関わりを見直して新たな介入の実施（あるいは環境調整）を検討する必要がある。そしてその際に，研究計画を練らなければいけない。

　単一事例デザインの代表的な研究計画としては，「除去デザイン（withdrawal design）」「多層ベースライン・デザイン（miltiple baseline design）」「条件交替デザイン（alternative treatment design）」「基準変更デザイン（change criterion design）」がある。除去デザインとは最も基本的な研究計画で，介入を行わない条件と介入を行う条件を比較するものである。また，多層ベースライン・デザインとは最も広く用いられている研究計画で，研究の参加者間，場面間，行動間などの条件差を検討するものである。さらに，条件交替デザインとは複数の介入手法がある場合に，有効な介入手法を見いだすために用いられる研究計画である。最後に，基準変更デザインとは目標とされる行動（標的行動：target behavior）に段階的に接近させるために，達成基準を少しずつ変化させていき，無理なく着実に行動形成を達成するために用いられる研究計画である。

（2）単一事例デザインの歴史

　単一事例デザインは，群間比較デザインと対照して検討されることがある。

単一事例デザインにおける介入の実施は，独立変数の操作にあたる。群間比較デザインにおいて独立変数の操作を行うのは，実験群である。よって，介入を行う期間（介入期：intervention phase）のデータ（標本）は，実験群のデータ（標本）に相当する。これに対して，介入を行わない期間（ベースライン期：baseline phase）のデータ（標本）は，統制群のデータ（標本）に相当する。群間比較デザインにおいて実験群のデータと統制群のデータが（たいていの場合は，推計学的方法により）比較されるように，単一事例デザインにおいては介入期のデータとベースライン期のデータが比較される。このような比較を個人ごとに行うため，個人間で介入手法の作用の仕方がどのように共通していて，どのように異なっているかを，丹念に分析できる。

このような単一事例デザインのルーツは，フェヒナーの精神物理学的測定法の研究にある。フェヒナーの精神物理学的測定法は独立変数を操作した場合に，心のはたらきによりどのような従属変数の変化が観察されるか，そして独立変数と従属変数の間には，どのような因果関係が成立しているかを，個人ごとに整理しようとする志向が存在する。

群間比較デザインでは，無作為に抽出した標本を各群に均質に割り当てることにより，各群の等質性を保つことを前提として群間比較を行う。この群間の等質性の保障は，技術的な難しさをともなう。また，実践現場では一部の臨床試験（最新医療技術や新薬薬効判定など）を除いて，統制群の設定は不可能である場合が少なくない。なお，実践の効果や有効性は，介入期とベースライン期の統計量の差によってのみ判定されるわけではないことにも留意する必要がある。

2 単一事例デザインの利点

（1）ベースラインの測定

すでに述べたように，介入を行わない期間はベースライン期と呼ばれ，その期間に収集されたデータ（標本）は，群間比較デザインにおける統制群に相当する。このベースライン期に収集されるデータないしは実態把握や事前査定の

ための予備観察（pilot observation）の結果は，介入前の自発水準（operant level）を表現する有効な指標となる。自発水準は，応用行動分析においてはたいへん重要な概念である。特定の環境下で自発行動（operant behavior）がどれくらいの頻度で生起しているか，ということを表すのが自発水準である。自発水準が高ければ，その行動は生起しやすく，逆に自発水準が低ければ，その行動は生起しにくく，流暢性も低いものだと推定される。また，自発水準が低い低頻度行動に対して，自発水準が高い高頻度行動を随伴させるような手続きをとることにより，低頻度行動の自発水準を高める手続きがある。これは，プレマックの原理（premack principle）と呼ばれる。このような行動形成・促進手続きにおいても，自発頻度は重要な意味を持っている。

　ベースライン期において自発水準を確認することの積極的な意義は，個人差や場面差あるいは行動差などのさまざまな条件差を確認するところにも存在している。特定の環境下で生じる自発行動は，人により違っている。弁別刺激の閾値や強化子への感受性などが異なっていることから，環境から受ける影響が異なることが1つの理由である。また場面の類似性の弁別は，それまでの個人の学習履歴によって拡張的なものになったり，限定的なものになったりする。よって一見したところ，類似性が高いように見える複数の場面で，人により行動が生起したり，しなかったりということが生じる。これが場面差をもたらすことになる。加えて，行動間に機能等価性が成立していれば，ある特定の行動が獲得された場合に，同一機能クラスの行動が同時に成立することになる。これはたいへん効率的な学習の形態である。ちなみに，機能等価性とは，構造の異なる複数の行動がもたらす結果が同一であるということを意味している。

（2）介入の効果判定

　個人差・場面差・行動差をふまえながら，環境条件を変化させたときに，行動がどのように変動するかを見ることにより，介入の効果判定を行うことができる。変動（差）の出現は，ベースラインの自発水準と比較されて，その有無が確認されることになる。では，介入の効果判定は，どのような観点に基づいて行われるだろうか。

　もっとも基本的な観点は，水準の差ということである。ベースライン期の自

発水準と比べて，介入期の自発水準のほうが高く（低く）なっていれば，それは介入の効果が現れたということになる。具体的には，ベースライン期の最後のデータと介入期の最初のデータを比較して，ギャップがあるかどうかを視覚的に検討（視認）する。このことから分かるのは，学習経験をつうじて行動の自発水準が高まる（低まる）方向に変容したということである。

　もう1つの観点は，勾配の変化である。勾配とは，折れ線グラフを作図した際の傾きのことである。傾きが急になったり，緩やかになったりするということは，自発行動の生起頻度が増え続けたり，減り続けたりすることを意味する。これは，行動の変容過程そのものを表しており，介入技法の影響力がどれほど強力であるかを示す指標であるとも言える。

　水準が変化したり，勾配が変化したりすることで，学習が成立し，それにより行動が変容する。これらの行動変容が一過性のもので，一定の期間を経るうちに元の水準に戻ってしまったのでは，行われた介入は真の意味で強力であるとは言えないであろう。その逆に，一度変容した行動が長期間にわたって維持されたり，さらなる行動変容をもたらしたらどうだろう。その際に用いられた介入技法は効果的かつ効率的なものと認識され，費用対効果比（cost-effectiveness）が高い有効なものと考えられるに違いない。

3　単一事例デザインを用いた実践研究の例示

（1）目的

　生活経験の偏りや社会技能の不足から，不登校（school nonattendance）状態を示した中学生とその家族（母親）の行動改善を目指した介入を行った。

（2）集団構成

　中学生4名（中3が1名，中2が2名，中1が1名）と小学生2名（小6が1名，小5が1名）からなる集団を構成した。全員が小学生時代に不登校を経験し，3～5年を経ていた。介入を行う際は，中学生2名と小学生1名に大学生スタッフ1名を加えた4名からなる小集団を2グループ構成した。大学生スタッフはファ

シリテーターの役割を担った。

　なお，行動分析を行った対象者は，中学生4名のうちの2名であった。一方，中学生が小集団活動を行っている間，母親はカウンセリングを受けた。このカウンセリングは大学教員が担当した。

　実践研究の実施にあたり，行われる活動，期待される成果，互いの役割と責任について説明するとともに，参加は任意であり中断も自由意志により決定できることを確認した。そして，書面にて同意を得ることができた児童生徒とその母親が参加した。

(3) 期間と場面

　ある年の5月から翌年の1月まで，およそ1か月に1回の頻度で8回の活動を行った。場所は，参加者が暮らす地域のコミュニティセンターの一室であった。毎回10〜15時の活動時間の中で，個別学習・調理・ゲームを行った。調理とゲームは小集団で行い，他者との相互作用が生起する活動だった。

(4) 中学生

　中学3年生の男子生徒（生活年齢(CA)＝14：9，社会生活年齢(SA)＝11：0）と中学2年生の女子生徒（CA＝13：8，SA＝13：0）の行動分析を行った。SAは，新版S-M社会生活能力検査により求めた。2名ともに「集団参加」のSAが低く，男子生徒ではこれに加えて「意志交換」のSAも低くなっていた。

　実態把握のために行った2名の予備観察によると，男子生徒は自発水準が低く全体的に不活発で，他者とのコミュニケーションが成立しにくかった。一方女子生徒は積極的であったが，主張が一方的で他者を支持する態度や発言はほとんど見られなかった。なお，介入に先立ち2回のベースライン測定を行った。

(5) 母親

　男子生徒の母親は，わが子の生活態度や学習について不満を示す様子が顕著であった。一方女子生徒の母親は，母親自身の不安傾向が強く，これまでの親子関係（幼少期からの母子相互作用）についての後悔をたびたび語った。

（6）標的行動

中学生については「適切な言語行動の始発」を標的行動とした。具体的には，他者に助言をしたり，他者の行為を承認・賞賛したりする支持的な発言を観察した。一方，母親については「相談行動の内容」を標的行動とした。

（7）記録

中学生の標的行動は，15秒を1観察区間とするインターバル記録法を用いて生起率を記録した。ゲーム，調理とも30分間の行動分析を行ったので，総観察区間数は120であった。標的行動の生起区間数を総観察区間で除した百分率（生起率）を指標とした。

母親の標的行動は「相談行動の内容」であったので，母親の発言をイベントサンプリングして，それらの発言に顕れた内容のカテゴリを整理した。ただし母親の標的行動の結果は割愛した。

（8）介入

介入は，ベースラインの測定（2回）に続く5回行った。男子生徒については，ゲームにおいて介入を行った。ゲームは卓上ボードゲームやカードゲームであった。準備を終え活動を開始した後の約30分間をサンプリングして行動分析した。女子生徒については，調理において介入を行った。調理は参加者が事前に決定した品目で，写真入りレシピはファシリテーターの役割を担った大学生が作成した。役割分担の話し合いから調理準備，下ごしらえまでの約30分間をサンプリングして行動分析した。介入期間では，活動開始の30分前に集合してもらい，①前回の振り返り，②他者に効果的に伝えるコツの教示，③ロールプレイを行うとともに，④それぞれの活動においてファシリテーターの役割を担った大学生が「適切な言語行動の始発」を言語賞賛した。

母親とのカウンセリングは，中学生の調理およびゲームの活動中に一人ずつ行った。各自の時間は約30分間とした。カウンセリングの中で，①問題をどのように捉えているか，②その問題に対する理想的な対処とはどのようなものか，③現実的にはどのような対処が行われているか，④理想的な対処と現実的な対

処のギャップがなぜ生じるのか，⑤現実の対処の中で変えられる行動はあるか，について相談した。担当した大学教員は，母親の発言を原則として支持した。

(9) 単一事例デザイン

除去デザインを用いて，介入前後の標的行動を比較した。介入終了後にベースラインと同じ条件を1回設定した。

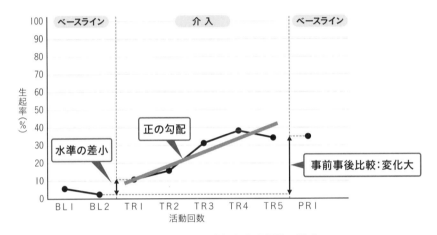

図3-1　男子生徒の適切な言語行動の始発

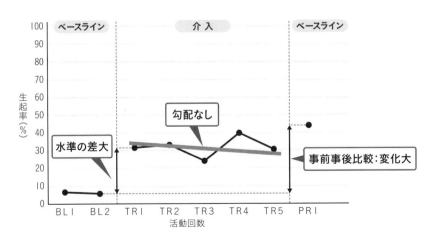

図3-2　女子生徒の適切な言語行動の始発

(10) 介入の効果判定

　量的データを収集した中学生の標的行動の記録を結果に示した。男子生徒の標的行動の記録に関する一致率は，平均81.3%（50.0〜100%）であった。女子生徒の標的行動の記録に関する一致率は，平均83.8%（70.8〜92.5%）であった。

　図3-1と図3-2（前頁）より，ベースライン期における2名の中学生の標的行動の生起率はともに10%未満で安定していた。つまりベースライン期では，他者への助言や他者の行為を承認・賞賛する発言がほとんど生起しなかった。ベースラインの測定により基準値を確認した後に介入を行った。介入期に移行した後の標的行動の推移を見ると，男子生徒では水準の差は小さかったが，正の勾配が明確であった（図3-1）。女子生徒では水準の差が大きかったが，勾配は見られなかった（図3-2）。2名とも介入前後の標的行動の生起率は，大きく上昇していた。

　上記の結果より教示・ロールプレイ・言語賞賛からなる介入は，2名の中学生の行動改善に一定の効果を示した。ただし男子生徒では介入の強度は弱く，介入が影響力を発揮するまでには反復実施が必要であった。一方女子生徒では介入後ただちにその影響力が現れたが，持続的な効果を予測させるような勾配は検出できなかった。

　男子生徒と女子生徒の性差や生育歴の影響，活動の差の影響などを系統的に確認することで，実践研究の知見の妥当性を高めることができる。

【文　献】

Barlow, D. H., Hersen, M.（1997）．一事例の実験デザイン：ケーススタディの基本と応用（高木俊一郎・佐久間徹，監訳）．東京：二瓶社．
大石幸二．（2013）．単一事例を用いた方法．*臨床発達心理実践研究*, 8, 21-24.

第Ⅱ部　実践研究の方法——行動・意図とその変化の捉え方

第4章 実践研究における面接の進め方

中西由里

1　面接法とは

　「面接」という用語は日常場面でもよく使われている。学校における教師と保護者との面接，教師と児童・生徒との面接，入試や就職における面接試験など誰でも複数の場面を思い浮かべることができるだろう。「面接」の辞書的定義としては，「直接その人に会うこと。面会」（広辞苑，第六版）である。似た用語である「面談」は「会って直接に話すこと。面語」とされている。

　心理学において「面接」もしくは「面接法」は，以下のように定義されている。「一定の場所において，人と人とが特定の目的をもって直接顔を合わせ，主として会話を通してその目的を達成しようとすることであり，目的によっては，非言語的な要素も加味される」（小林，1999）や「被調査者が受けた刺激や経験について被調査者からの言語報告」（原岡，1990），「ある目的のために，直接人と会い，コミュニケーションを通して，理解を深めたり，支援を実行したり，新しい理論を構築したりする方法であり，被面接者は，面接によって自分の体験を整理したり，自己洞察を深めたり，自己発見をしたりすることもある」（前川，2004）などである。

　心理学においては，面接は大きく二つに分けることができる。一つは，臨床的面接であり，クライエントの問題の解決に援助を与えることを目的とするものであり，問題や悩みをもったクライエント（あるいは周囲の人々）の希望や動機に基づいて面接が行われる。もう一つは調査的面接であり，何らかの心的現象を解明するためにデータを収集することを目的とし，研究をする面接者の側の動機に基づくものである（西田・武藤，2008）。

　面接において，信頼できる情報を得るためには，面接者と被面接者（もしく

は面接協力者）との間にラポールを形成することが必要となってくる（前川,
2004）。面接をする際の基本的な態度として，前川の述べていることを表4-1に
まとめた。この面接における基本的な態度は，臨床的面接及び調査的面接の双
方に共通する態度である。面接を行う前に身につけて置きたいものである。

2 臨床的面接法——面接記録を研究に生かすには

　1回ずつの面接の記録であるカウンセリングや心理治療の記録，いわゆる実
践記録をいくら集めても，それは単なる面接記録や実践記録であり研究報告や
研究論文とは質を異にしている。実践を研究としてまとめていくためには，研
究の「問い」が必要になってくる。

　直接面接法について述べたものではないが，エピソード記述についての論考
において鯨岡（2005）は実践の現場と研究との関係について次のように述べ
ている。現場と研究の立場とのあいだには，現場を生きる中から問いを立ち上
げてこそ研究が拡がり，また深まるという方向と，研究の知見の積み重ねから
現場をみる視点が新たに拓かれるという方向が常にあり，この二方向が円環的
に循環してこそ現場も研究も豊かになるということが，現場の担い手にも，ま
た研究を目指す者にもしっかりと踏まえられていなければならない。問題意識
をもたないまま（研究の知見の積み重ねをもたないまま）現場に出ても，すぐ
さま現場の生の実相が見えてくるわけではないし，現場を経験することなく研
究の知見を積み上げていくだけで生の実相が分かるというものでもない。現場
から立ち上がってきた問題意識を他の研究や知見と重ねて煮詰めていく中で，
現場の事象の意味が改めて拓かれ，関わり手（研究者）の心が揺さぶられ，問
いが立ち上がり，その問いとの関連で何らかの「意味」が見えてきた時に一つ
のエピソードが描き出され，それが研究としての質的アプローチを動機づける
ものとなっていくのである（鯨岡, 2005）。

　上記のように，実践記録である面接記録を研究へと発展させるためには，研
究の「問い」や研究の「視点」を明確にして，実践記録の中から切り取り，編
集をする作業が必要になってくる。

　一例を挙げると，筆者が面接（カウンセリング）を担当していたある事例に

表4-1　面接者の基本的態度

よい聴き手	①傾聴	面接者は被面接者の言語的・非言語的メッセージを丁寧に慎重に聴く。知的・論理的にだけではなく，被面接者の側からの彼らの体験する世界を共感的に理解しようと試みる。
	②ありのままの受容	面接者は被面接者を批判しない。自分の意見を被面接者に押しつけない。面接者にとって受け入れがたい体験を被面接者が語った場合でも，面接者は自分のなかに起こった葛藤を自覚しながら，被面接者の体験を評価せずに受け取る。
よい観察者	①被面接者へのまなざし	表情や態度などの非言語的表現に目を向ける。
	②面接者へのまなざし	自分のなかに起こってくる感情や思考などを否定したり否認したりせずに，できるだけ冷静に観察し，自分で気づいておく。
	③面接者－被面接者関係へのまなざし	ときおり自分と被面接者の関わり，両者の間に起きている現象について，鳥瞰図的に距離をとって関係のなかで眺めてみる。
よい質問者	①「言葉」の個別の意味の明確化	被面接者の「言葉」を大切に聴くように心がけ，その意味をじっくり確認する。急いで自分の「言葉」に言い換えたり，一般的「言葉」で要約しない。
	②「教えてもらう」という姿勢	自分流に理解し「わかったつもり」になるのではなく，被面接者から「教えてもらう」という姿勢をもって質問をする。侵入的な質問内容は慎重にする。
	③主体性の尊重	被面接者の記憶想起を強要したり，特定の内容が語られるように誘導や暗示をしてはいけない。質問への回答は圧力をかけず，あくまでも主体的に語られるのを待つ。
よいパートナー	①倫理的責任	被面接者を1人の人間として尊重し，また，調査への協力者として感謝し，彼らの秘密を守り，プライバシーを傷つけるような行為をしてはならない。
	②礼儀	自分の癖を知り，服装，表情，言葉づかい，座る位置，腕や足の組み方，うなずき，視線の合わせ方など，被面接者に不快感や緊張感を与えないような配慮をつねに心がける。

前川(2004)より作表

おいて，クライエントである母親が，来談の動機となっていたわが子のことを面接の初期では「あの人」と表現をしていた。わが子を表すのに，「あの人」という言い方は距離が遠い印象を与えるので，カウンセラー（面接者）である筆者はいつも違和感を感じていた。面接の回数を重ねて行った中期になると，わが子のことを「あの子」と表したり，「○○（子どもの名前）」で語るようになってきた。この例では，呼称という視点から捉えることにより，「あの人」か

表4-2 調査的面接法の種類と特徴

分類	面接の種類	特徴
形態分類	訪問面接	面接者が被面接者の場所に訪問する。
	来談面接	被面接者が自発的に面接者のもとを訪問する。
構成する人間による形態分類	個人面接	1対1の面接。
	集団面接	1対複数,もしくは複数対複数。
構造化の程度	構造化面接	あらかじめ,決めておいた一連の質問項目にそって面接を進めていく方法。質問紙調査を対面による面接で行うともいえる。
	半構造化面接	構造化面接よりも質問の枠組は緩やかである。質問の流れの大枠をあらかじめ設定しておき,一定の流れに沿って面接を進めていくが,被面接者の回答により,質問内容や表現,質問の順序などを臨機応変に変更しながら行う方法である。
	非構造化面接	面接の枠組や質問を設定せず,自由に面接を行うこと。
仮説の有無	仮説検証型の面接	検証すべき仮説がある場合に,仮説を検証するためのデータを面接法によって収集する方法。
	仮説生成型の面接	仮説を生成するために,探索的に面接により情報を収集し,仮説を生成することを目的とする。質問を構造化せずに,自由に回答を求める場合が多い。

小林(1999),西田・武藤(2008)を元に筆者が作表

ら「あの子」や名前の呼び捨てに変わっていく中で,親子間の距離が縮まったことが表されていると考えられる。このように,面接で語られる家族についてある視点で切り取ることにより,家族関係が見えてくることがある。

1回50分の面接の記録も回を重ねると膨大な量になってくる。筆記記録によるカルテの場合,筆者は,その回において印象的だと感じたことは,色つきのペンやマーカーを使ったり,★印をつけるなど強調しておき,後にケース記録を事例研究などにまとめる際に,各回の記録の中からある情報を切り取りやすくなるように工夫している。

3 調査的面接法 ── 研究のために行う面接法

研究のデータを収集するために面接法を使う場合は,調査的面接法となる。調査的面接法は訪問の形態や,面接者及び被面接者の人数,構造化の程度,仮

表4-3　面接における基本的関わり技法の例

技法	表現(語りかけ)の例
開かれた質問	「その人をどう思いますか?」
閉ざされた質問	「その人が好きですか?」(はい/いいえ)
励まし	「うまいですね,もう少しやってみましょうよ」
言い換え	「いわば,親代わりのようなものだった,と……」
要約	「つまり,どれもうまくいかなかった,と……」
感情の反映	「でも今日はそれが嬉しい,と……」
意味の反映	「それは自分には必要なことだった,と……」

田中(2004)による

説の有無などによって分類することができる。その分類については表4-2に示した（小林,1999；西田・武藤,2008）。

この分類の中で実践研究の枠組で比較的よく使われる方法は「半構造化面接」であろう。半構造化面接においては、一定の大枠にそった質問をしながら、被面接者の回答や語りの内容、状況などに応じて、面接者が臨機応変に質問や語りかけを変えながら行う面接法である。ある程度の構造化を保ちながら自由に、被面接者の語りに合わせることで必要な情報を得る方法であり、そこで得られるデータは仮説の生成を目的とすることが多い。

面接において、面接者が話し手の語りを熱心に理解しようとして傾聴している態度を維持しやすい効果的な話し方、語りかけの例として田中（2004）が具体的に表として示している（表4-3）ので特に面接初心者には役に立つだろう。

また、個人の主観も含めた経験の意味づけや人生の様相を捉えるための、自由度が高い質的な面接法に、ライフストーリー・インタビューがある（徳田,2004）。ライフストーリー・インタビューにおいては語り手（被面接者）の子ども時代から現在に至る時間的な拡がりの中で個人をとりまく環境や出来事、それに対する説明や意味づけを語ってもらったり、聞き手の関心によっては、何らかの経験や出来事に焦点をあて、それが個人の人生全体の中でどのように位置づけられるのかを尋ねる場合もある（徳田,2004）。

どのような面接の形態をとるにしても,面接法を用いて研究を行うためには研究者自身の問題意識でもある何を知りたいのかという「問い」,つまり研究の目的や意図などを明確にした上で,その「問い」が研究しようとしている領域における知見(先行研究)とどのように結びつくのかということを常に意識をしながら,研究の計画を立てることが重要である。面接法とは研究を進めるための一つのツールなのである。調査的面接場面においては,構造化面接以外は,語り手である被面接者に合わせて面接者が聞き手の理解や解釈を伝えたり,語りの意味の明確化を図ったり,追加の質問によって語りの内容をより深めたり拡がりをもたせたりしながら,面接を維持することが求められるだろう。

4 面接を進める上での倫理的な配慮

最後に面接を進める上での倫理的な配慮について記しておこう。これは臨床的面接においても調査的面接においても非常に重要なことである。面接法を用いる場合は,面接協力者(被面接者)になぜ面接を行うのかについて事前に十分に説明をして理解を得ておくこと,いわゆるインフォームド・コンセントを得ておくこと必要がある。研究に協力するのかどうかについての判断は面接協力者の基本的な権利であり,研究者が研究協力者の権利を侵害したり損なったりすることはできないことであることを深く理解しておく必要がある(古澤・斉藤・都筑, 2000)。

さらに,研究協力者のプライバシー(個人情報)の保護についても十分すぎるほどに配慮する必要がある。とくに,子どもや障害を持った人々や高齢者などの社会的弱者と呼ばれる人々を対象とした場合には十分に配慮をする必要がある。これは,面接の内容だけではなく,写真や映像資料,録音データなども同様である。データがアナログであった時代と異なり,現代は文字データも録音データも画像・映像データもデジタルデータとして保存されることが多い。紙媒体とは異なり,デジタルデータの場合は一旦インターネット上に流出したデータ(情報)を全て回収することは困難である。面接の記録をデジタルデータとして作成・保存する場合は,オフラインのパソコンを使う,ファイルはパスワードをかけて保存するなど,データの記録の段階から十分に注意を払う必

表4-4　面接を行う際の倫理的配慮

インフォームド・コンセント	①個人に対する面接への協力の依頼及び協力への同意の場合 　被面接者には協力を断る権利があることを伝達した上での同意を得ること
	②保護者・機関責任者・担当者などの仲介者を立てての協力の依頼と同意の場合 　a.子どもの場合：保護者や担任保育者や担任教師などに実施について説明し，実施の可否の判断を求める。 　b.高齢者の場合：個人ではなく，公共機関が行っているクラブ活動や老人施設などに依頼をする場合，原則は一人ひとりに説明をして同意を得ること。仲介者に依頼を委ねる場合は，説明する文書を渡して説明を委託すること。また，面接中においても，タイミングをみては，面接継続の意思の確認を行うこと。 　c.より十分な配慮を要する人（障害を持っている人）の場合：面接者が被面接者と日常的に関わっており，どのようなことに配慮をすべきであるのかを十分に理解している場合でも考えられる範囲で説明と同意を求めておくこと。 　日常的な接触を持たない場合は，保護者や支援者などその人と関係を持っている人の援助を得て，十分な説明を行い理解と同意を得ること。
面接中の録音・録画	心理臨床的な面接場面では面接を行いながら，筆記記録をとる場合が多い。ICレコーダーなどを用いて面接内容を全て録音し，終了後に音声データを文字化する場合には，被面接者にあらかじめ録音機の使用をインフォームド・コンセントの際に伝えて了解をとっておくこと。またその際に録音したデータの使用法や保管法，データの処理（消去の仕方）などについて説明を行い，了解を得ておくこと。 機器の進歩により，ICレコーダー等が小型化しているが，被面接者の了解を得ずに隠し撮りをすることは避けること。 ビデオなどで録画をする際にも同様の手続きをとること。
協力者・保護者・仲介者への報告	報告書は，研究がどのように行われたのかを分かりやすく説明したものを作成し，被面接者からの求めがあった場合は報告をすることが望ましい。 臨床的な面接において，心理面接開始時に，個人が特定できないように配慮を行いながら，症例検討会や学会などで報告をすることがある旨の同意を得ている場合は，必ずしも，被面接者に報告をしない場合もありうる。
面接記録の引用	論文等の中に面接記録を引用する場合は，被面接者の匿名性が保証されるように配慮すること。

古澤・斉藤・都筑(2000)を参考に，一部加筆をして筆者が作表

要がある。

　なお，インフォームド・コンセントやその他の倫理的配慮について古澤・斉藤・都筑（2000）に一部加筆をして表4-4（前頁）にまとめたので参照されたい。

【文　献】

原岡一馬．(1990)．*心理学研究の方法と問題*．京都：ナカニシヤ出版．
小林正幸．(1999)．中嶋義明・安藤清志・子安増生・坂野雄二・繁桝算男・立花政夫・箱田裕司（編）．*心理学辞典*．東京：有斐閣．
古澤頼雄・斉藤こずゑ・都筑　学．(2000)．*心理学・倫理ガイドブック*．東京：有斐閣．
鯨岡　峻．(2005)．*エピソード記述入門：実践と質的研究のために*．東京：東京大学出版会．
前川あさ美．(2004)．面接法：個別性と関係性から追求する人間の心．高野陽太郎・岡　隆（編）．*心理学研究法：心を見つめる科学のまなざし*．東京：有斐閣．
西田裕紀子・武藤（松尾）久枝（共著）．(2008)．調査的面接の方法．松浦　均・西口利文（編）．*観察法・調査的面接法の進め方*．京都：ナカニシヤ出版．
新村　出（編）．(2008)．*広辞苑：第六版*．東京：岩波書店．
田中共子．(2004)．協力者との関係の作り方．無藤隆・やまだようこ・南　博文・麻生　武・サトウタツヤ（編）．*質的心理学*．東京：新曜社．
徳田治子．(2004)．ライフストーリー・インタビュー．無藤隆・やまだようこ・南　博文・麻生　武・サトウタツヤ（編）．*質的心理学*．東京：新曜社．

第Ⅱ部　実践研究の方法——行動・意図とその変化の捉え方

第5章 実践研究における行動観察の方法

小島康生

1　はじめに

　私たちは，外部から様々な情報を取り入れながら日々の生活を送っている。なかでも目から入ってくる情報の量は，何にもまして大きいことが知られている。本章では，そうした視覚的な情報，とりわけ行動を観察することから得られる情報を心理支援の現場においてどのように利用するか，どう支援に生かすかを解説する。

　行動観察が心理支援の現場において生かされる第一の局面は，アセスメントの場面であろう。実際われわれは，何かしらの支援が必要とされるケースに関わる際，まずは当事者を含め関係者に会って話を聴いたり，当時者がふだん過ごしている現場に足を運んだりして，実際の様子をこの目で確認するということを行う。

　行動観察の技法が必要とされるもう一つの局面は，支援の効果を確認する作業においてだと思われる。当初の問題が改善されたかどうかを客観的に評価する際に，観察データはきわめて有力なエビデンスとなる。

　以下では，アセスメントと支援効果の確認という二つの局面に的を絞って，行動観察の利用の仕方，支援への生かし方を述べていく。

2　アセスメント

（1）アセスメントが行われる場面

　心理支援に関わる際にまず行うべきことは，支援対象者の状況を包括的に把

握することにほかならない。支援の対象が子どもである場合には，家族はもちろん子どもが通う園や学校など関係者への聴き取りのほか，それらの場（家庭や園など）での観察情報も有力な資料となる。その際，ごく普通の定常的な場面に加えて，人の出入りがあったり場面が大きく切り替わったりするところも，その子どもの特徴を知る手がかりとなる。保育場面ならば，送迎時（つまり親との分離・再会場面），自由遊びを終えて教室に入る場面，お片付け場面などがこれに該当する。

いっぽう，普段と違う非日常的な場面でのふるまいが重要な情報を含んでいることもある。アセスメントの一環として行われる発達検査は，子どもにとっては非日常的な場面であり，検査結果とは別に貴重な情報が得られることもある（古田, 2017）。検査室に入ってきたときのちょっとしたしぐさや，検査の最中にみられる検査そのものとは無関係なふるまいにも目を向けておくことが肝要である。

(2) 記述・評価の仕方

人の行動がもつ情報量はいうまでもなく無限である。だが，その当事者の特徴や目を向けるべき行動はそう多いわけではない。そのため，主訴のあった行動や，当人の特徴をあらわす行動が起こりやすい場面に着目し，具体的な事例を記述したり，チェックリストを用いた評定を行ったりすることが多い。

①事例の記述

行動観察によるアセスメントは，保育所への巡回指導のように短時間でなされるものもあるが，ある程度長い時間の観察が可能なこともあろう。関係者から得た情報も踏まえつつ，当事者の抱える問題や困り感がみてとれる場面を切り取り，場合によってはそれらの行動がどの程度の頻度で，またどういった文脈で生起しやすいかを確認できるとよい。

具体的な事例を記述する際には，当人の発話はもちろんのこと，その口調やふるまいなど関連情報も書き記しておくことが望ましい。周りの状況（人がそばにいたのか，誰がいたのか），前後の文脈などに重要な情報が隠れていることも多い。

実践研究における行動観察の方法　第5章

　以下の記述は、保育所に通うAくんが、朝、お母さんと一緒に保育所にやってきた直後の様子を書き留めたものである。

【例①】
　Aくんは、園にやってくるなり、靴を脱いで、そのまま後ろも振り返らず教室へ駆け込んでいった。教室に入ると、カバンを投げ出し、すぐさまお友達のBちゃんのほうへ行って、Bちゃんのブロックを周りに投げ散らかしてしまった。怒ったBちゃんはAくんに文句を言ったが、Aくんは聞く耳を持たず、Bちゃんに掴みかかろうとした。Bちゃんも応戦したが、結局AくんがBちゃんを泣かせてしまった。Aくんは、いつもこんなふうに衝動的に動くことが多く、周りのお友達とのトラブルも絶えない。

【例②】
　いつも通りAくんがお母さんと一緒に登園してきた。玄関のところで、つないでいたお母さんの手を自分から離すと、靴を脱いで（そのまま脱ぎっぱなしのまま）走って教室へ向かった。「Aくん、（靴を）ちゃんと片付けなさい」とお母さんが声を掛けたが、Aくんは後ろも振り返らず教室のほうへ走って行ってしまった。
　教室にはすでに登園していたお友達が5人ほどいて、それぞれ教室にあるおもちゃで遊んだり本を読んだりして過ごしていた。Aくんは、教室に入るとすぐに、肩に掛けていたカバンを肩から外し、周りが振り返るほど大きな音を立てて床に投げつけると、4、5mほど離れたところで一人座ってブロック遊びをしていたBちゃんのすぐ前まで駆け寄り、Bちゃんが組み立てていたブロックのおうちをつぶし、そのブロックのパーツをあちらこちらに投げた。Bちゃんは、突然のことにびっくりしている様子でAくんの様子を見ていたが、数秒してようやく事情が分かったようで、立ち上がって大きな声で「Aくん、どうしていつもそんなことするの！」と叫んだ。Aくんは、Bちゃんをにらみながら右腕を振

47

> りかざして体当たりしようとし，Bちゃんもこけないように体を踏ん張ったが，結局後ろに尻もちをついてこけてしまい，大きな声で泣き出してしまった。Aくんは，表情も変えず，ただその様子を見ているだけであった。
>
> 　Aくんは，この事例のように，ふだんから衝動的にお友達の遊びを邪魔したり，おもちゃを取り上げたりすることが多く，それがきっかけでトラブルが絶えないようであった。Aくんは力が強く，相手のお友達が抵抗しても，お友達が泣き出してしまうことが多かった。

　例①の記述も，流れに沿って起こったことをきちんと書いているように見えるが，肝心の細かい描写が抜け落ちていて，Aくんが"どのように"衝動的なのか，それが周りの友達とのトラブルにどう発展していくのかがやや不明瞭である。それに対し，例②の記述では，目に見える具体的な行動やその時の周りの様子が仔細に描かれており，Aくんの行動が衝動的であると解釈する根拠がいくつも示されている。加えて，Bちゃんの発言（どうしていつも……）が示されていることで，Aくんのこのようなふるまいが日常的であることも推測できる。

　前述のような事例を紹介する際には，客観的かつ具体的な行動の記述，すなわち観察者の主観や価値観を極力含まない書き方を心掛けることが望ましい。もちろん，最終的な考察や評価を行うのは当の観察者にほかならず，そこにその観察者の"ものの見方"が反映されることは避けられない。しかし，記述が丁寧になされていることで，そのときの様子が読み手にも鮮明にイメージされ，評価にも納得しやすくなる。こうした書き方は，何度も繰り返すこと，また他の人に読んでもらって意見を聴くことで身についていく。

②チェックリストを用いた評定

　ある程度のまとまった時間の観察が可能な場合には，チェックリストによる評定を行うことも多い。たとえば，本郷・飯島・高橋・小泉・平川・神谷（2015）は，〈集団活動〉，〈子ども同士の関係〉，〈言語〉，〈認識〉，〈感情〉の5領域に

またがるチェックリストを開発し，保育現場において「気になる」子どもを評定するのに利用している。また，本郷（2013）は，子どもと接する時間が長い保育者による評定とそれ以外の人物の評定の一致・不一致から子どもの特徴に迫ることもできるのではないかと指摘している。

　上記の指摘とも関係するが，同一対象の行動を複数の人物が観察して評価を行う場合，関係者間での話し合いや情報共有が欠かせない。どのような行動がみられたときにどう評定するのか基準を明確にし，その確認作業を折に触れて行うことが望ましい。この手続きを怠たると，データの信頼性が損なわれ，適切な支援計画を立てる上での支障にもなりかねない。

3　支援の効果を確認するための観察

　行動観察のスキルが効果を発揮する最大の局面は，支援の効果を確認する作業においてであろう。以下では，支援の効果を確認する際に，行動観察をどのように利用すればよいか述べていこう。

（1）事例の記述

　特徴的な事例を丁寧に（質的に）記述し，考察するという手法は，アセスメントにおいてと同様，支援効果の確認作業においてもよく行われる。この場合，前節でも示した通り，時間的な変化や改善の様子が第三者にも納得して理解されるよう記述することが求められる。こうした手法を用いて支援の実践を一つの論文やレポートにまとめていくときには，印象的な出来事をその都度，丁寧に（客観的かつ具体的に）記録し，当時者の行動の変化や改善が確認できたところで，1期，2期，3期……のように，いくつかの時期に区分けして，特徴的な事例を紹介するのが一般的である。

（2）定量的な方法を用いた効果の確認

①場面見本法

　標的とする行動がはっきりしていて，なおかつ枠組みが決まった場面での行動観察が可能な場合には，場面見本法を用いて行動を定量化したり分類したり

するのが効果的である。最も一般的なやり方は、ベースライン期（介入前），介入期，さらに介入後，場合によっては数ヵ月後のフォローアップの時期までデータを収集し，標的行動の回数や生起率を折れ線グラフなどにして示すというものである（図5-1）。単に標的行動の有無だけを確認して生起率を計算する方法のほか，行動のタイプをいくつかに分けることもある。たとえば，上村・小野里（2017）は，自閉症スペクトラム障害の児童に対し，他児と協同活動が行えるようになることを目標に机運び協力場面に着目した支援を実施し，実際に見られた行動を「1.（友達と）2人で運ぶ」，「2. 途中で置く（不十分な遂行）」，「3. 1人でないし指導者の援助で運ぶ」の3つに分類して，セッションごとの変化を確認している。

②**時間見本法**

上記のように，特定の場面を集中的に観察するだけでは変化が捉えづらい場合もあろう。たとえば，授業中，立ち歩くことの多かった児に対し，「落ち着いて授業が受けられるようになる」という目標を設定し，そのために介入を行ったとしよう。このようなケースでは，介入の効果を捉えるために授業時間全体を通して対象児を観察することが望ましいため，時間見本法のような手法が効

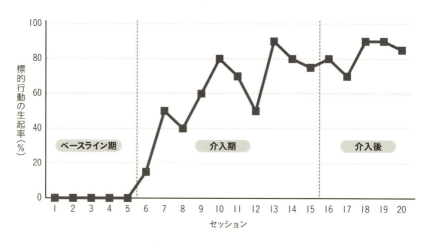

図5-1　各期における標的行動の生起率の推移

実践研究における行動観察の方法　第5章

果的である。時間見本法とは，対象児（者）の行動を一定時間，追跡し，ある種の行動に着目して，その生起や持続時間などを測定するやり方である。

先ほどの例でいえば，授業時間中の児の行動を介入の前後にわたって観察し，図5-2に示したようなデータシートを用いて，立ち歩き行動をリアルタイムに記録する。こうすることで，授業全体のうちどのくらいの時間立ち歩いていたかを割合で示すことが可能となり，これを介入前後で比較することで変化も可視化できる。また，時系列に沿って記録することで，授業中のどの時間帯に立ち歩きがよく起こっているか確認もでき，どの時間帯の介入が効果的で，じっさいその効果があったかを数値化して示すことも可能となる（図5-3・次頁）。

標的行動が限られている場合と違って，さらに広範な行動指標を用いて評価を行いたい場合には，ビデオカメラによる撮影が行えることが望ましい（なお，この際には，当事者や家族，施設等への周知と同意が不可欠である）。そうすることで，同じ場面を繰り返し視聴し，多数の行動をチェックすることが可能となるからである。

たとえば，社会的スキル訓練（SST）の効果を確認するために，保育場面での児の行動を観察するような場合がそうである（佐藤・佐藤・高山，1998など）。"他児に近づく"，"他児への言語的働きかけ"，"他児による働きかけに対する言語的応答"など，社会性の向上と関連のありそうな行動をリストアップし，介入前後のそれぞれ数日，決まった時間（例えば30分，1時間など）その子どもの様子を観察するといったことを行う。

なお，このような方法を採用するときに気を付けるべきなのは，各行動の定義を明確化しておくことである（これを行動目録の作成という）。"他児に近づく"という行動では，相手のどのくらいの距離まで近づいたのか，通り過ぎた

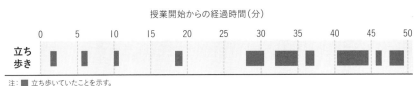

図5-2　授業時間中の立ち歩き行動を記録したデータシートの一例

だけの場合もこれに含めるのか，といった基準を明確にしておく必要がある。複数の評定者が実践にかかわる場合には，評定者ごとに基準がばらばらではデータの信頼性が担保できないうえ，介入前後での評価の基準が一定でなくなる危険性もある。行動の基準を明確化しておくことは，追試研究などへの発展の可能性にもつながる。最近は，データの再現可能性に関する議論が活発化しているが（友永・三浦・針生，2016），どのように観察したのか，観察した行動をどう定義し，どう記録して，またどう数値化したのかを明確にしておくよう心掛けたい。

以上の手続きと関連して，ワン・ゼロ法と点観察法についても紹介しておこう。点観察法とは，観察時間を一定の単位時間で区切り，その単位時間ごとに行動の生起をチェックしていくやり方である。チェックする行動がどのくらいの頻度で起こるかにもよるが，10～30秒程度の間隔でチェックするのが一般的である。たとえば，30秒を単位時間とするのであれば，観察の開始から30秒後，1分後，1分30秒後，……というように，30秒ごとに行動の生起をデータシートに書き込んでいく。図5-4は，観察対象の子どもの近く（この場合，半径1m）に他児がいたかどうかを点観察法でチェックした様子を示している。

数値化するときは，単位時間の総数に占めるチェックの個数の割合を算出する。図5-4の"他児が近くにいる"ならば，10分間の観察時間を30秒ごとに区切っているので，割合は$7/20 \times 100 = 35\%$となる。これを介入前後で比較して，介入の効果を確認する。

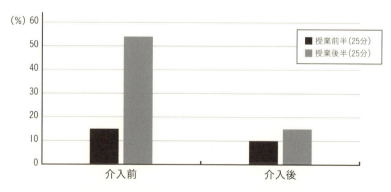

図5-3 介入前後における立ち歩き行動の生起率

実践研究における行動観察の方法　第5章

　ワン・ゼロ法も，観察時間を単位時間で区切るところまでは同じだが，ある区切りから次の区切りまでの間に当該の行動があったかどうかをセルの中に書き込む点が点観察法と異なる。図5-4の例は，30秒ごとに"他児に近づく"行動があったかどうかをチェックしたものである。数値化の仕方は点観察法と同じで，セルの総数（20）に占めるチェックの個数の割合を算出する（5／20×100＝25％）。

　点観察法，ワン・ゼロ法の使い分けについては，状態をあらわすもの（"近くに他者がいる"，"座っている"，"立っている"など）は点観察法で，動作をあらわすもの（"近づく"，"叩く"，"教室から出ていく"など）はワン・ゼロ法で，と覚えておくとよい。この手法は，ビデオカメラなどでの撮影が可能で，同じ映像を何度も繰り返し見ることができるときに有効だが，上述した通り，行動の定義や基準をあらかじめ決めておくことが不可欠である。

③データの信頼性──複数の人の目でみること

　"立ち歩く"のような，誰が見ても見間違うことが少ない行動では，観察者による判断のずれが起こりにくいが，"他児に近づく"，"他児による働きかけに対する応答"のような行動では，観察者による評定のずれが生じやすい。そのため，複数の評定者が独立に評定を行い，その評定の一致率を計算するなどしてデータの信頼性を確認しておく作業が必要である。ビデオ撮影が可能な場合は，ぜひともこの作業を行うことをおすすめする（詳しい計算法などについて

	0'00	0'30	1'00	1'30	2'00	2'30	3'00	3'30	4'00	4'30	5'00	5'30	6'00	6'30	7'00	7'30	8'00	8'30	9'00	9'30	10'00
他児が近くにいる(1m)		✓			✓					✓	✓			✓			✓		✓		✓
▼																					
▲																					
他児に近づく		✓							✓		✓			✓			✓				
▼																					
▲																					

注："他児が近くにいる"は点観察法で，"他児に近づく"はワン・ゼロ法でチェックしている。

図5-4　保育所における他児との関わりを記録したデータシートの一例

は，小島（2016）などをご参照いただきたい）。

④その他の定量化の方法

観察データを定量化するときには，上述したような綿密な記録をもとにしたやり方のほか，全体的かつ簡便な手法を用いることもある。その一例が行動評定法である（前節で紹介したチェックリスト形式の記録や評定もこれに該当する）。すなわち，対象者の行動特性に関し，いくつかのリスト（落ち着きのなさ，リーダーシップ，協調性など）を作成し，ある程度まとまった時間の観察に基づいて評価する。たとえば，乳児との関わりが苦手な母親に対して介入や支援を行い，その効果を確かめようと考えたとする。この場合，介入前，介入後のそれぞれの自由遊びの場面で，関連するいくつかの行動特性（例えば，子どもに対する応答性，情緒的働きかけ，情動調律など）について，1～5点で評定を行うといったことをする。

なお，行動評定法で観察結果を数値化する場合には，具体的にどのような行動があったときにどう点数化するのか（4点と5点の違いは何か）といった基準を，実践に関わる者どうしで話し合っておくことが必須である。また，複数の評定者が独立に評定を行い，その一致・不一致を確認するのはもちろんのこと，不一致がある場合は協議したり，複数の評定者の平均値を出すなどする方法もよくとられる。

（3）質的なデータと数量的なデータの併用

観察された行動の頻度や生起率を算出する定量的な方法は，データの妥当性や信頼性を担保するための適切なプロセスを経れば，支援の効果を示す有力な根拠となる。しかしいっぽうで，観察された行動を何もかも数値に置き換えてしまうことによって，当人の具体的な姿が見えにくくなってしまうというデメリットもある。その点では，アセスメントのところでも述べたように，周辺的，あるいはインフォーマルな情報にも目を向けておきたい。行動の有無（「できた」，「できない」）に加えて，どのようにできた（できなかった）のか，またその課題に取り組むときの様子がどのようであったか，そういった，その現場に関わったものにしかわからない支援者ならではの見立てが重要な意味を持つこ

ともあろう。また，支援の効果に関連する具体的なエピソードを書き添えることが，定量的なデータの補足や補強につながることもあろう。定量的なデータと質的・記述的なデータをうまく組み合わせることが効果の確認に果たす役割はたいへん大きい。

【文　献】

古田直樹．(2017)．臨床発達心理学的視点に立つアセスメントの原理．山崎　晃・藤崎春代（編著），*臨床発達心理学の基礎* (pp.92-116)．京都：ミネルヴァ書房．

本郷一夫．(2013)．保育・教育の場におけるチェックリストを用いた実践研究の進め方．*臨床発達心理実践研究*, 8, 17-20．

本郷一夫・飯島典子・高橋千枝・小泉嘉子・平川久美子・神谷哲司．(2015)．保育場面における幼児の社会性発達チェックリストの開発．*東北大学大学院教育学研究科研究年報*, 64 (1), 45-58．

小島康生．(2016)．観察．サトウタツヤ・鈴木直人（編），*心理調査の基礎* (pp.87-105)．東京：有斐閣．

佐藤正二・佐藤容子・高山　巖．(1998)．引っ込み思案児の社会的スキル訓練：長期維持効果の検討．*行動療法研究*, 24, 71-83．

友永雅己・三浦麻子・針生悦子．(2016)．特集「心理学の再現可能性：我々はどこから来たのか　我々は何者か　我々はどこへ行くのか」．*心理学評論*, 59 (1)．

上村雅也・小野里美帆．(2017)．自閉症スペクトラム障害児同士の協同活動場面における相互交渉：指導経過を通してみる言語による働きかけと応答の変化を中心に．*臨床発達心理実践研究*, 12 (1), 45-51．

第Ⅱ部　実践研究の方法──行動・意図とその変化の捉え方

第6章 実践研究におけるエピソード記録の方法

田爪宏二

1　エピソード記録とは

（1）エピソード記録の必要性

　従来の心理学研究では，科学的な手法に則った研究手続きが採用されてきた。例えば実験法においては，独立変数と従属変数とを設定し，前者の操作が後者に与える影響のみに焦点をあてて検討する。つまり，複数の場面において観察される事象にどのような違いがあったとしても，検討する変数以外の要因は「誤差」と考える。

　このような科学の手法を用いた実験法は，人間の心理を明らかにすることにおいて多くの貢献をしてきた。その一方で，教育・保育や臨床的支援等の実践場面においては，1つ1つの事例が実践を理解する上で重要なものとなることも多い。また，実践場面では，様々な要因が複雑に絡まっており，特定の要因のみを変数として扱う手法ではそこにおける現象を十分に説明することが困難になる。このような場面では，実験法のように事例の共通性だけを取り出して「まとめる」ことよりも，特定の要因に限定せず，そこで生じた事象の全てを「ありのままに記述する」ことの方が有効になる。

　ある場面において生じた事象を，できるだけ詳細にとらえ，なおかつ1つのストーリーとなるように記述したものをエピソード（逸話）記録という。エピソード記録においては，主に人物の行動や発話を記録の対象とする。対象を特定の1人に限らず，その場面における多数の人々の行動や発話も包括的に記録することが必要とされる。

実践研究におけるエピソード記録の方法　第6章

表6-1　仮説生成型（探索型）研究の手順

第1段階：研究設問の設定

①自分の関心事について，現実を捉える。
②初めから観察の焦点を絞らずに，自分が明らかにしようとする現象を繰り返し観察し，その中で研究設問と観察の焦点を決めていく。

第2段階：データの収集

③焦点を当てた事象を中心にデータを集める。データを見ながら，研究設問を修正し，観察の焦点を再設定する。
④データを集めながら，データ分析の概念を模索する。

第3段階：データの分析と解釈

⑤データから析出された暫定的概念を使ってデータを分析する。
　・概念の析出がうまくいったとき→データを蓄積する。
　・概念の析出がうまくいかないとき→④に戻り分析概念を作り直して，新たなデータを収集する。
⑥データの意味を解釈する。
⑦モデルや仮説を提示する。

（柴山, 2009を参考に作成）

（2）仮説生成型研究とエピソード記録

　心理学における代表的なデータ収集法には，実験法，質問紙法，観察法，面接法などがあるが，このうち，実験法や質問紙法は仮説検証型研究に向いており，他方で観察法や面接法は仮説生成型研究に向いているとされる。本章で取り上げるエピソード記録は，主に観察法や面接法において用いられるため，おのずと仮説生成型の研究において用いられることが多いということになる。
　仮説生成型の研究は，主に表6-1に示すような手順で行われ，第1段階と第2段階，第2段階と第3段階の間を往復しながら，少しずつ精緻化されていく（柴山, 2006）。エピソード記録はそこにおける「データ」にあたる。
　なお，従来の心理学研究においては，仮説生成型研究によって仮説を見いだし，その仮説に沿って仮説検証型研究を行うという関係が一般的である。すなわち，観察等において得られた複数のエピソードから，それらの背景に通底す

ると考えられる事象を仮説として設定し，新たな実験や調査によってその仮説を実証しようという考え方である。このため，エピソード記録などの事例をデータとする研究は，実験の前段階や予備調査として位置付けられることが多かった。ただし，実践研究においては，先に述べた通りそこにおける現象をできる限り詳細に記述すること自体に意味があるため，近年ではエピソード記録単独でも有効な研究手法であると考えられてきている。

2 行動観察におけるエピソード記録

（1）行動観察と記録の手法

　具体的なエピソード記録の方法について，まず行動観察の場面について取り上げる。行動観察は，主に参加（参与）観察と非参加観察とに区分される。前者は観察対象者と関わりながら観察を行う方法で，例えば子どもと一緒に遊びながら，関わりの中で観察を行う場合などである。後者は観察対象者やフィールドと直接かかわらずに観察する方法で，例えば外部から子どもや実践場面を観察する場合などである。

　なお，観察のために対象者の活動や環境があまりにも変容したり，制限されてしまったりすることは，正確な観察データを得るという点からはもちろん，倫理的配慮という点からも慎まなければならない。特に教育・保育の実践場面のフィールドは観察するために作られたものではなく，あくまでも子どもの生活や学習の場であるため，実践と研究との兼合いに留意する必要がある。

　観察の場面でリアルタイムにエピソード記録を作成することは非常に困難である。そのため，通常観察場面では観察記録やメモを取ることで生の情報収集し，事後にその情報を整理してエピソード記録を作成することになる。そこで，以下では観察記録の取り方とエピソードの作成に分けて要点を説明する。

（2）観察記録

　観察記録においては，まず表6-2に示すような基礎的な事項を書き留めておく。その上で，その観察場面において生じた出来事をできるだけ詳細に記述す

表 6-2 観察記録に記載する基礎的な情報の例

・基本情報	：日時（開始時刻，終了時刻），天候等。
・観察の技法	：非参与観察／参与観察等。参与観察の場合にはどのような関わり方をしたか（例：葉の収集を一緒に行なった）。
・フィールドの環境	：教室の環境や遊具の配置等。
・観察場面	：どのような場面か（例：園庭にてイチョウの葉を集める場面）。
・焦点を当てた事象, 人物	：場面で起こったどのような事象，人物に焦点を当てたのか（例：3歳児A男とB子の道具のやりとり）。
・フィールドの空間配置	：言語化しにくい場合はイラスト等で記録する。

る。言葉で記録しにくい場合には，イラストを用いることも有効である。発話や会話についても，なるべくそのままの表現を正確に記録することが重要であり，特に子どもの言葉遣いや方言などの表現は子どもの心理や発達を捉えるための情報になることも多い。

また，事後にエピソードとしてまとめることを考慮して，出来事を時系列にそって，ストーリー性のあるものとして記述していくことに留意すると良い。さらに，観察場面や状況についての事実とともに，その中で「感じたこと」についても書き留めておく。特に参加観察の場合は，観察者自身がどのように感じ，考えて行動したのかが対象者の行動にも影響するため，観察者の所感は重要な情報になる。

なお，観察の技術を高めていくという点では，観察の技法（例えば，このような観察方法が有効だった，このようにすればよかった，等）やアイデアなどの覚書も追記しておくことも有効であると考えられる。

（3）エピソード記録の作成

次に，観察記録で収集したデータをエピソード記録としてまとめる方法について述べる。まず留意したいことは，観察記録には観察者本人の備忘的な意味が大きいのに対し，エピソード記録においては他者に伝える点を重視する，と

いうことである。すなわち、その場面にいなかった読み手に対しても、その場面の状況や雰囲気が伝わるように記述していくことが重要である。

幼稚園での行動観察におけるエピソード記録の事例を表6-3に示す。まず、その場面の状況や登場人物の概要を述べた上で、詳細な行動や会話を時系列にそって記述していく。その際、読み手に伝わりやすくするとともに、観察記録と同じくできるだけありのままの情報がリアルに伝わるように留意することが重要である。

なお、エピソード記録においては、観察データとともにそこから読み取れることや解釈できることを考察として記述することも重要である。特に心理学においては、直接観察することができない、行動の背景にある気持ちや意図、人物間の関係性を考察することがテーマとなる。そのためには、どのような点に着目して（何を伝えたくて）そのエピソードを取り上げたのかを考えながらまとめることが有効であると考えられる。また、観察した事実と考察とを織り交ぜながら記載することも可能であるが、表6-3のようにまず観察した事実を一通り述べた上で、改めて考察という形でまとめるほうがエピソードを理解しやすくなる場合もある。その際には、観察データに番号をつけるなどして考察と対応づけながら述べ、観察データのどこからそのように考察できるのかを明らかにすると良い。

3 インタビューにおけるエピソード記録

（1）インタビューによるデータの収集

次に、インタビュー（面接）によるエピソード記録の方法について述べる。インタビューとは、インタビュアーの質問に対して回答者の発話を記録する方法である。なお、インタビューでは発言をレコーダ等で記録し、事後にそれを書き起こして分析することが多いが、回答者の身振りやその場の文脈でしか伝わらないことなど、文字データにすると抜け落ちてしまうものもある。このため、インタビュアーは記録媒体とともにメモを取りながらインタビューを行う必要がある。

第6章 実践研究におけるエピソード記録の方法

表6-3 幼稚園の年少児クラスにおける行動観察によるエピソード記録の例

焦点を当てた事象	年少児クラスにおける他者とのかかわりの中での自己主張
事例	ぬいぐるみの取り合い(I子, J子(3歳児)：10月X日, 非参加観察)

【エピソード】

・テラスのテーブルにいた担任保育者のもとにI子とJ子がやってきて, J子が, うさぎのぬいぐるみを使いたいがI子が貸してくれないということを保育者に訴える(①)。

・I子は「べつのがあるやん」とJ子に言うが, 保育者がI子に「じゃあ, I子が別のにする?」ときくと, I子は「いや」と答える(②)。

（中略）

・I子はぬいぐるみをもったままテーブルの周りをうろうろしていたが, J子は保育者の側を離れず「ぬいぐるみを使いたい」と訴え続けていた(③)。

・突然, I子がうさぎのぬいぐるみをJ子に渡し, 自分は別のぬいぐるみを探しに行った(④)。J子はとても嬉しそうな顔でI子の後をついていった。別のぬいぐるみを抱いたI子は少し不服そうな顔をしていたが, J子がテーブルを離れて自分について来てくれたことが嬉しそうで2人は廊下を歩き出した(⑤)。

【考察】

・I子とJ子には共に, うさぎのぬいぐるみを自分が使いたいという思いがあり, J子は自分たちでは解決できないことから保育者に援助を求めたと考えられる(①②)。

・I子には, 「ぬいぐるみを自分が使いたい」という思いと, 「J子と一緒に遊びたい」という思いがあり, ぬいぐるみを諦めなければJ子と一緒に遊べないということに葛藤としているようであった(③)。I子は保育者からの提案には反発をみせていたが, 最後にはぬいぐるみをJ子に渡すことができた(④)。その後不満が残っている様子もみられたが, J子と一緒に遊べることが嬉しいようであった(⑤)。

・10月になると集団行動の機会が増えることもあり, クラスの仲間との関係が次第に形成されてくる。そのような中で, 事例のように次第に他者に対して自己主張をする場面が多くなることが窺える。また, I子の行動から, おもちゃを独占したいという欲求と友だちと一緒に遊びたいという欲求と間で葛藤しながら, 両方は叶わないことを理解し自分なりに折り合いをつけることが考えられた。

(増田・田爪, 2016をもとに作成)

インタビューと前節で述べた行動観察との大きな違いは，言語的データが中心になることと，得られるデータは多くの場合回答者の回想によるものであるため，対象となる場面や事柄に対する事実とともに，それに対する回答者の視点や思いが反映される，ということである。また，インタビューを行うことによって回答者が問題に対する考えを整理したり，視点を精緻化することもある。例えば，保育者のもつ幼児の数量の認知に対する認識（実践知）の特徴について検討した田爪・高垣（2012）においては，回答者である保育者が，インタビューを通して子どもの姿や個人差，また自身の保育についての省察を行っていたことが示唆されている。このように，インタビューによって回答者が自身の実践や実践知について意識し，そのことが有効な知見につながる可能性もあると考えられる。

（2）半構造化面接

　有効な情報を得るためのインタビューの技法の1つに，半構造化面接がある。半構造化面接とは，研究の目的に沿ってある程度質問する事項を設定しつつ，選択枝法のように回答を限定することはせずに，質問に沿ってある程度回答者が自由に発言することを認める方法である。なお，回答の自由度が高くなりすぎると問題の焦点化が難しくなり，反対に自由度を制限しすぎることでエピソードが出にくくなったり，場合によってはインタビュアーの考え方が回答者の語りに影響を与えてしまうかもしれないため，バランスに留意する必要がある。

4　量的分析と組み合わせた分析手法

　ここまで述べたように，エピソード記録は教育・保育や臨床的支援等の実践場面における複雑な現象を理解する上で有効な研究手法であると考えることが出来る。しかしながら他方で，実験や質問紙調査における量的分析に比べて，データの信頼性や妥当性，客観性を担保することが難しいという欠点がある。このような問題点を解決するために，近年の実践研究においては，量的分析に基づいて事例を客観的に焦点化し，そこからエピソードの分析を行う，という

研究手法が用いられている。

　一例として，高垣・田爪・中西・波・佐々木（2009）による実践研究を取り上げる。この研究では，小学6年理科「水溶液の性質」における教授方略の開発と，その効果についての検討を行っている。授業の効果を確かめるために，テストおよび質問紙による量的検討を行い，その結果，授業の前後において，多くの児童において誤概念が科学的概念に変化した。さらに，学習観の「科学的手続きの重視（理科の実験・観察活動において，科学的手続きに則った学習を有効と考える）」とメタ認知的学習方略の「プランニング（自ら計画を立てて学習に取り組むことで学習を促進する方略）」の得点が上昇していた。

　そして，このような効果の背景にあるプロセスを明らかにするために，児童の発話エピソードの分析を行っている。具体的には，まず，誤概念が科学的概念に変化した児童の発話を抽出し，その上で学習観の「科学的手続きの重視」，メタ認知的学習方略の「プランニング」に関わるやり取りに注目して分析を行っている（表6-4・次頁）。その結果，「科学的手続きの重視」については，実験結果をノートや観察カードへ記録して確認し，目前のデータから「何が分かっており，何が不明なのか」を，既有知識や日常経験と関連づけながら明確化しようとしていた。また，「プランニング」については，グループ活動において，実験を始める前に議論を行い，磁石を近づける，電気を通す，水に溶かすなどの多様なアイデアを出し合い，これらのアイデアを複数の視点から吟味・統合しながら，独自の実験計画を構築している様子が窺われている。

　この研究事例からもわかるように，量的分析によって事例を焦点化することによって，エピソード記録が客観的かつ具体的な意味を持ったデータになり得る。

5　エピソード記録から理論を生成する——グラウンデッド・セオリー・アプローチ

　エピソード記録をはじめとした質的データは，その1つ1つが重要な意味を含むことが多い。しかしながら，多くの複雑な情報を含むがゆえに，数量的なデータに比べて集約することが難しい。このような質的なデータを集約し，そこから仮説や理論を生成する手法の1つとして，グレイザー（Glaser, B., 1992）

表6-4　小学6年理科「水溶液の性質」におけるエピソード記録の例

「科学的手続きの重視」に関する事例

B：えっと…。観察して分かったことは？
D：まず，無色透明。
C：においもしない。
A：かき混ぜると泡が出る。
B：だから，予想はどうなる？
A：やっぱ，泡が出てるから，炭酸水じゃない？
B：炭酸水ってことは，中に二酸化炭素が入ってる？
A：でも，やっぱ，泡が出るだけで，炭酸水とは限らないかも…。
D：そう。重曹だって泡が出るよ！
B：(首を傾げる)これってさあ，目で見てただけじゃ分からない。正体を((解き明かすためには))，蒸発とかさせないと分からないよね。

「プランニング」に関する事例

塩酸に溶けた金属は，もとの性質が変化するのか否かを調べるための実験方法をグループごとに話し合っている。

B：もし[鉄の性質が]そのまま残っているとしたら，磁石に引きつけられると思うけど…。
A：あっ，そうだね。それ[その実験]やろう！
B：それから，あっと…，もし電気が通らなかったら，金属じゃないってことにならない？
A：うん。鉄じゃない。
C：別な物になってる。
D：あと，もし水に溶けたら？
C：水に溶けたら？
D：金属は水に溶けないから，別な物になってることになる…。
A：そっか。その実験もやってみたい！

A～Dは児童。(　)内は発話者の行為，[　]内は分析者による補足，((　))内はよく聞き取れない発話

(高垣・田爪・中西・波・佐々木，2009をもとに作成)

実践研究におけるエピソード記録の方法　第6章

やストラウス（Strauss, A., 1987）が提唱したグラウンデッド・セオリー・アプローチ（GTA）が挙げられる。なお，本邦においては，より実践的な分析に適した修正版グラウンデッド・セオリー・アプローチ（M-GTA：木下, 1999）がある。

図6-1は，GTAにおける分析手続きの概要を示したものである（原田, 2003）。図に沿って，GTAによるエピソード記録の分析の流れを説明すると，まず，エピソードをいくつかのグループ（概念）に分け，ラベル付けを行う（①）。次に，概念を統合していくつかのカテゴリーを生成する（②）。その上で，カテゴリーと新たなエピソードとの比較（論理的サンプリング）を通してカテゴリーの検証・修正を行う（③）。この検証・修正を，新しいカテゴリーができなくなる（論理的飽和）まで繰り返し，最終なカテゴリーを決定する（④）。

GTAは，エピソード記録をはじめとする質的データの解釈を重視した分析手法であり，特に実践研究においては，エピソード記録から背景にある理論的概念を明らかにする上で有効な手法であると考えられる。

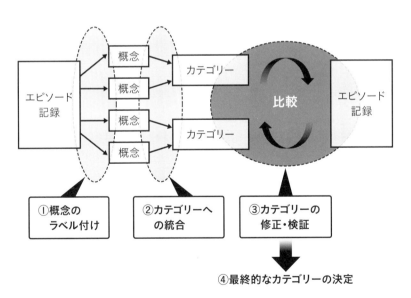

図6-1　グラウンデッド・セオリー・アプローチにおける分析手続きの流れ
（原田, 2003を参考に作成）

【文　献】

Glaser, B.（1992）．*Basics of grounded theory analysis.* CA: Sociology Press.
原田杏子．（2003）．人はどのように他者の悩みをきくのか：グラウンデッド・セオリー・アプローチによる発言カテゴリーの生成．*教育心理学研究*, 51, 54-64.
木下康仁．（1999）．*グラウンデッド・セオリー・アプローチ：質的実証研究の再生*．東京：弘文堂．
鯨岡　峻．（2005）．*エピソード記述入門：実践と質的研究のために*．東京：東京大学出版会．
増田優子・田爪宏二．（2016）．遊びを通した関わりにみる3歳児の情緒の発達と他者理解：1年間の観察を通して．*京都教育大学附属特別支援教育臨床実践センター紀要*, 6, 1-11.
柴山真琴．（2006）．*子どもエスノグラフィー入門*．東京：新曜社．
Strauss, A.（1987）．*Qualitative analysis for social scientists.* Cambridge: Cambridge University Press.
高垣マユミ・田爪宏二・中西良文・波　巖・佐々木昭弘．（2009）．理科授業における動機づけ機能を組み込んだ教授方略の効果：小学校理科「水溶液の性質」の事例を通して．*教育心理学研究*, 57, 223-236.
田爪宏二・高垣マユミ．（2012）．幼児の数量認知の個人差に対する保育者の認識の特徴：幼稚園教諭へのインタビューによる事例的検討．*臨床発達心理実践研究*, 7, 81-88.
ウィリッグ，C．（2003）．*心理学のための質的研究法入門：創造的な探求に向けて*（上淵　寿・大家まゆみ・小松孝至，訳）．東京：培風館．

第Ⅱ部　実践研究の方法——行動・意図とその変化の捉え方

第7章 実践研究におけるチェックリストの活用方法

平川久美子

1　チェックリストを通した子どもの理解と支援

　保育所や幼稚園，認定こども園などの保育・教育の場において，子どもを理解し，支援していくためには，発達アセスメントが不可欠である。一般に，発達アセスメントには，発達検査や知能検査，行動観察などの方法が用いられる。発達検査や知能検査では，新版K式発達検査2001やWISC-Ⅳ知能検査のように，非日常場面で子どもに一定の課題を提示し，それに対する子どもの反応を観察することで子どもの発達の状態を捉える検査が用いられることがある。このような検査は日々の生活の中ではうまく捉えられないような側面について理解する際には，非常に有用である。しかしながら，そこで得られた検査結果を詳細に調べたからといって，日常場面での子どもの問題が理解できたり，支援の方向性が決まったりするわけではない。例えば，検査結果では大きな発達の遅れや偏りがみられないにもかかわらず，日常場面では集団参加が難しかったり，他児との関係を構築することができなかったりする子どもがいる。その一方で，検査結果では発達に遅れや偏りがみられていても，日常生活では大きな問題もなく生活している子どももいる。子ども自身がもつ能力（個体能力）を適切に発揮できるかどうかは子どもを取り巻く環境との相互作用によって決まるものであるため，子どもを生活する環境から切り離して理解するだけでなく，日常場面の中で子どもを理解するということも発達アセスメントにおいては非常に重要である。

　チェックリストは日常場面の中で行われる発達アセスメントの方法の1つである。保育者は，チェックリストに示された項目について，日常場面での子どもの姿に基づいてチェックをしていく。チェックリストには，幼児用発達障害

チェックリスト（CHEDY）(尾崎ほか, 2013) のようにスクリーニングを目的としたものもあれば、「気になる」子どもの行動チェックリスト（D-4様式）(本郷, 2010) のように保育者が子どもを理解するためのツールとして開発されたものもある。本章では、子どもを理解するためのツールとして開発された「気になる」子どもの行動チェックリスト（D-4様式）および社会性発達チェックリスト（改訂版）(本郷, 2018) を活用した発達アセスメントおよび支援の評価の進め方について述べる。

2 チェックリストを用いた発達アセスメント

(1) 子どもの行動を整理する

　知的な発達には顕著な遅れはないものの、保育・教育の場における適応が難しい、いわゆる「気になる」子どもは、場面や状況によって異なる行動を示すことがある。例えば、集団でのルール遊びには積極的に参加して楽しむことができるにもかかわらず、自由遊びになると遊びを転々として、遊びを楽しむことが難しいことがある。そのため、保育者は子どもをどのように理解すればよいか戸惑うことも多い。

　子どもの「気になる」姿を保育者自身が整理するために、「気になる」子どもの行動チェックリスト（D-4様式）を活用することができる。このチェックリストは60項目に示された子どもの行動について、保育者が「まったく気にならない (1)」から「たいへん気になる (5)」までの5段階でチェックするように構成されている。そして、これらのチェックの結果をまとめ、保育者が①どのような場面で気になるのか（保育者との関係、他児との関係、集団場面、生活・遊び場面、その他）、②どのような問題で気になるのか（対人的トラブル、落ち着きのなさ、状況への順応性の低さ、ルール違反、衝動性）を、それぞれ数値化することができるように構成されている。

　「気になる」子どもの行動チェックリスト（D-4様式）を活用することのメリットとして、第一に、保育者が「気になる」と感じる子どもの姿を整理することが容易になることが挙げられる。実際にチェックリストをつけてみると、

どのような場面や問題で特に「気になる」のかが明確になるだけでなく，どのような場面や問題ではあまり「気にならない」のかも同時に整理される。例えば，保育者との関係や集団場面では気になる程度が高いが，その一方で他児との関係では気になる程度が低いとき，他児との関係が良好であるために「気にならない」場合と，他児とほとんど関わりがないために「気にならない」場合の両方が含まれる。後者の場合，他児とトラブルになることは少ないかもしれないが，それは同時に他児と一緒に楽しい経験をする機会もほとんどないということでもある。したがって，「気にならない」ということの中にも支援ニーズがある可能性が考えられる。

　第二に，他者と子どもの姿を共有することが容易になることが挙げられる。「気になる」子どもの行動チェックリスト（D-4様式）を活用することによって，カンファレンスやケース検討会等子どもを理解する枠組みを共有することができるだろう。さらに，1人の子どもについて複数の保育者が相談せずにチェックリストをつけてみるという活用方法もある。その場合，同じ子どもについてチェックをしたにもかかわらず，保育者によって「気になる」行動や「気になる」程度が異なることがある。そこには，子どもに関わる場面の違いや子どもとの関係性の違い，保育観・子ども観の違い，保育者としてのキャリアの違いなど，様々な要因が影響していると考えられる。しかしながら，そのような「ズレ」がなぜ生じたのかを保育者間で話し合うことによって，子どもについての理解が深まり，子どもの姿の共有につながると考えられる。

(2) 子どもの行動の背景を理解する

　子どもの行動がある程度整理されたとしても，そこからすぐに支援の方向性が導き出されるわけではない。例えば，集団活動からの逸脱が多い子どもであっても，認識面の発達の遅れがあり，活動自体を理解することが難しいために逸脱してしまう場合もあれば，活動自体は理解できていても注意が逸れやすいために逸脱してしまう場合もあるだろう。このように逸脱行動をしてしまう背景が異なる場合，どのように支援を進めていくかも異なる。したがって，子どもの行動を生じさせている背景を理解することが必要になる。

　「気になる」子どもの行動の背景を理解するために，社会性発達チェックリ

スト（改訂版）を活用することができる。このチェックリストは〈集団活動〉〈子ども同士の関係〉〈認識〉〈言語〉〈感情〉という5つの領域から構成され（各領域10項目），1歳から5歳まで年齢ごとに項目が配置されている。保育者はすべての項目について，子どもが明らかにできるものや過去においてできたものには○をつけ，子どもが明らかにできないものやできたりできなかったりするものには×をつけるようになっている。

社会性発達チェックリスト（改訂版）を活用することのメリットとして，第一に，保育者が子どもの発達の状態を容易に把握することができることが挙げられる。個々の子どもの発達の状態を確認するために，保育者が発達検査や知能検査を実施することは難しいだろう。また，子どもが専門機関や医療機関で発達検査や知能検査を受けたとしても，その検査結果が園に詳細に伝えられるとは限らない。さらに，詳細な検査結果が得られたとしても，非日常場面である検査場面での子どもの姿から日常場面の子どもについて理解することは困難な場合もあるだろう。社会性発達チェックリスト（改訂版）は非日常的な検査場面ではなく，日常場面の中で子どもの発達を理解するために開発されているため，特別な検査用具を必要とするものではない。また，チェックリストの項目の中には，子どもに質問して確認しないとチェックができない項目，子どもを注意深く観察しないとチェックができない項目も含まれているものの，いずれも保育者が容易に確認できるものである。

第二に，非日常的な検査場面では確認の難しい社会・情動的な発達を把握することができることが挙げられる。言語や認識などの側面は様々な発達検査や知能検査でも把握が可能だが，集団活動や子ども同士の関係，感情などの側面は日常場面での子どもの姿を把握していないと，その発達を十分に理解することは難しい。社会性発達チェックリスト（改訂版）は「イスとりゲームなどの簡単なルール遊びができる」「自発的に他児に謝ることができる」「いやなことをされても気持ちをおさえて『やめて』と言える」など，集団活動や他児との関わりなどの日常場面での子どもの姿から，その発達を理解することが可能である。

（3）チェックリストを用いた発達アセスメントの事例

　それでは，これらのチェックリストを実際の支援の中でどのように活用すればよいのだろうか。ここでは架空の事例を示しながら活用方法を示す。

　A児（4歳男児）の担任保育者は，A児の「お集まりで，じっと椅子に座っていられず，立ち歩いたり他児にちょっかいを出したりする」姿や，「ルール遊びで，遊びのルールを破って自分勝手に振舞う」姿が気になっていた。保育者はA児についてこれからどのように支援していけば良いか検討するために，「気になる」子どもの行動チェックリスト（D-4様式）と社会性発達チェックリスト（改訂版）を記入した。

　図7-1の「気になる」子どもの行動チェックリスト（D-4様式）の結果から，〈集団場面〉(4.8)，〈落ち着きのなさ〉(4.8)，〈ルール違反〉(4.3) の気になる程度が高いことが分かった。これらは，保育者が「気になる」と感じているお集まりやルール遊びでのA児の姿と一致する。一方で，〈他児との関係〉の気になる程度は2.0と低いことが分かった。このチェックリストの結果を見て，保育者は自由遊びでのA児の様子を振り返り，A児は遊びを転々としており，じっくり他児と関わって遊ぶことがほとんどないことに気づいた。A児は他児との関わりが少ないために，他児との関係では保育者はあまり気にならなかっ

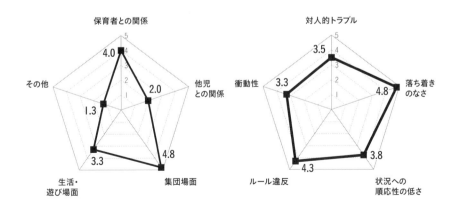

図7-1「気になる」子どもの行動チェックリストの結果

表7-1 社会性発達チェックリスト（改訂版）の結果（平川, 2018）

年齢	集団活動	○	子ども同士の関係	○	言語	○	認識	○	感情	○
1歳	朝の集まりなどで名前を呼ばれたら返事ができる	○	友だちのまねをする	○	1語文を話せる	○	目、鼻、口、耳がわかる	○	「怖い」がわかる	○
1歳	集団で簡単な手遊びができる	○	幼い子どもを見ると近づいていって触る	○	物の名前を3つ以上言える	○	絵本を見て知っているものを指さす	○	泣く、笑いの表情がわかる	○
2歳	役のつもりになってひとりごとまでも遊びをする	○	友だちとけんかをすると言いつけにくる	○	2語文を話せる（ママ ミルク、など）	○	グルグルとらせん状に描いたり円を真似て描ける	○	ほめるともっとほめられようとする	○
2歳	ロープなどがなくても列になって移動できる	○	自分や友だちが作ったものをお互いに見せ合う	○	「大きい」「小さい」の両方の言葉の意味がわかる	○	3つの数を復唱できる（5、2、4など）	○	怒り、喜び、驚き、悲しみの表情がわかる	○
3歳	他の子とかかわりながらごっこ遊びができる	×	ブランコなど自分から順番を待つ	×	「おなかがすいたらどうする?」という質問に正しく答えられる	×	「まえ」と「うしろ」がわかる	×	怒っているなど自分の感情を言葉で表せる	×
3歳	イスとりゲームなどの簡単なルール遊びができる	○	自発的に他児に謝ることができる	×	「強い」「弱い」の両方の言葉の意味がわかる	×	10個の中から3個とれる	×	いやなことをされても気持ちをおさえて「やめて」と言える	×
4歳	大人が終始見ていなくても、4〜5人の子どもと協力して遊べる	×	幼い子どもの世話ができる	×	昨日のことの話ができる	×	正方形を真似て描ける	×	かわいそうな話を聞くと悲しそうにする	×
4歳	集中して15分程度先生の話を聞ける	×	友だちと相談したり、妥協したりしながら一緒に遊ぶ	×	3つくらいの花の名前が言える	×	自分の体の左右がわかる	×	自分の失敗を見られないようにする	×
5歳	自分たちで作ったお話でごっこ遊びをする	×	ジャンケンで順番を決める	×	なぞなぞ遊びができる	×	5以下の足し算ができる（1+2など）	×	鬼ごっこをしておにとつかまりそうになってスリルを楽しむ	×
5歳	自分たちだけで集団のルール遊びができる	×	「しちならべ」などのトランプ遊びができる	×	金曜日の前の曜日が言える	×	硬貨を見てその名前が言える（1円、10円、50円、100円）	×	泣くのを人に見られないようにする	×

たと考えられる。

　また，表7-1の社会性発達チェックリスト（改訂版）の結果から，A児の発達は全体的に2〜3歳程度の水準であることが分かった。これらのチェックリストの結果を踏まえて考えると，「お集まりで，じっと椅子に座っていられず，立ち歩いたり他児にちょっかいを出したりする」「ルール遊びで，遊びのルールを破って自分勝手に振舞う」というA児の行動の背景には，言語や認識の遅れがあると考えられる。言語や認識の発達が2歳程度のA児にとって，4歳児クラスのお集まりの内容やルール遊びのルールを十分に理解することは難しいだろう。そのため，集中して活動に参加することが難しかったり，ルールとは異なる行動をしてしまい，自分勝手に振舞っているように見えたりすると推測された。また，このような集団活動への参加の難しさには，A児が他児と関わって遊ぶことが少なく，みんなと一緒に遊ぶことの楽しさを十分に経験できていないことも関連していると考えられた。

　これらのことから，保育者はA児が集団活動に参加できるようになるためには，言語や認識の発達の促進と他児との関係の構築が必要であると考え，A児が「集団活動に興味をもち，ルールを守って参加できるようになる」という中・長期的目標を立て，「言葉や数など，理解できるものを増やす」「他児と一緒に参加できる活動を増やす」という短期的目標のもと，支援を進めていくこととした。

3　チェックリストを用いた支援の評価

　これらのチェックリストは，発達アセスメントだけでなく支援の評価においても活用できる。支援前と支援後に同一のチェックリストをつけてみることによって，子どもの姿が支援を通してどのように変化したのかを容易に捉えることができるようになる。例えば，A児の場合，「気になる」子どもの行動チェックリスト（D-4様式）の〈集団場面〉〈落ち着きのなさ〉〈ルール違反〉の気になる程度が減少したかを確認することで子どもの姿の変化を捉え，支援が適切だったかを評価することができる。また，社会性発達チェックリスト（改訂版）の〈子ども同士の関係〉〈認識〉〈言語〉のどの項目ができるようになったかを確

認することで,支援によってどのような発達が促され,子どもの姿の変化につながったのかを考察することが可能になるだろう。

　支援の過程においては,支援をすることによって「気になる」程度が減少するだけでなく,逆に「気になる」程度が増加することもある。A児の場合,支援によって子ども同士の関係や認識,言語の発達が促されることで,他児と一緒に活動に参加できる場面が増えるかもしれない。しかし,他児との関わりが増えることで〈対人的トラブル〉の「気になる」程度が増加する可能性がある。このように,ある側面が発達することよって別の問題が生じてくる場合もあるが,これは支援が適切ではなかったということではない。支援の結果として一時的に不適応状態に陥ることもあるということも念頭に置きながら,支援の評価を行うことが重要である。

4　チェックリストの効用と限界

　支援においては,発達アセスメントの結果に基づいて子どもを理解し,それに基づいて支援計画を立案し,支援を行い,支援の評価を行う。このような流れの中で,支援はその評価に従って常に見直されなければならない。そのためには,自分の支援の結果を捉え,それを評価する手段を備えていること,それを自分自身で理解できるとともに他者にも説明可能であることが必要となる（本郷,2013）。これまで述べてきたように,チェックリストは子どもの行動を他者と共有しながら整理し,子どもの行動の背景を理解するための発達アセスメントの方法として,さらに支援による子どもの変化を捉える支援の評価の方法として活用することができる。したがって,チェックリストを活用することで本郷（2013）が指摘する2つの条件を満たすことができると言えるだろう。

　チェックリストは子どもの行動やその背景を理解するための「視点」を与えてくれるものである。前述のA児の事例において,A児の認識や言語の発達の遅れが明らかになったり,A児は他児との関わりが少ないことに保護者が気づいたりしたように,チェックリストを活用することで日常生活ではあまり意識されないような子どもの行動や発達について新たにみえるようになる側面もある。しかしながら,チェックリストで把握できる子どもの行動や発達は限られ

ている。例えば，「気になる」子どもの行動チェックリスト（D-4様式）は〈集団場面〉での「気になる」程度を把握することはできるが，どのような活動のときに特に「気になる」のか，どのような物的環境があるとあまり「気にならない」のかなどを，子どもの行動を場面や物的環境との関係の中で詳細に把握することはできない。また，子どもの行動の背景に，保育者や他児の注目を集めたいなどの注目要求や，自分に対する否定的な評価を避けたいなどの自己防衛などがあるような場合，社会性発達チェックリスト（改訂版）ではそれらを把握することはできない。さらに，ここで紹介した2つのチェックリストは子どもを取り巻く環境の特徴を把握することはできない。「気になる」子どもの場合，子どもを取り巻く環境が変化することによって保育者が「気になる」と感じる程度が変わる可能性がある。例えば，年度当初はクラス全体が落ち着かない状態だったため，「気になる」子どもの落ち着きのなさはあまり目立たなかったものの，時間の経過とともにクラスが落ち着いてくるのに伴って，「気になる」子どもの落ち着きのなさが目立ってくることがある。

　子どもの行動を，子どもを取り巻く環境との関係の中で把握し，その行動の背景を理解しようとするとき，その基本にあるのは日常場面における行動観察である。しかし，ただ漠然と子どもの様子をみているだけでは，得られる情報は限られてしまう。そのため，子どものどのような行動を観察するのか，その行動はどのような場面や状況において変化するのかなど，子どもを観察するための枠組みを定めて行動観察を行うことが重要となる（平川, 2015）。社会性発達チェックリスト（改訂版）によって認識や言語の発達に遅れがあることが把握できれば，どのような活動内容だと理解することが難しいのか，どのような物的環境があれば理解することができるのかなどを丁寧に観察することで，子どもについてさらに理解を深めることができるだろう。このように，チェックリストを通して整理された子どもの行動や発達は，行動観察の枠組みを決める際の手がかりにもなる。

　日常場面における行動観察から得られる情報と，様々なチェックリストから得られる情報はそれぞれ完全なものではない。だからこそ，複数の方法を用いながら，それぞれの方法から得られる情報を統合して解釈することで，子どもを理解し，支援を行い，その支援を評価することが重要なのである。

【文　献】

平川久美子．(2015)．子どもの発達理解の方法．本郷一夫 (編著)，*保育の心理学Ⅰ・Ⅱ 第2版* (pp.113-122)．東京:建帛社．

平川久美子．(2018)．社会性発達チェックリスト (改訂版) からみる子どもの発達．本郷一夫 (編著)，*「気になる」子どもの社会性発達の理解と支援：チェックリストを活用した保育の支援計画の立案*．京都：北大路書房．

本郷一夫編著．(2010)．*「気になる」子どもの保育と保護者支援*．東京:建帛社．

本郷一夫編著．(2018)．*「気になる」子どもの社会性発達の理解と支援：チェックリストを活用した保育の支援計画の立案*．京都:北大路書房．

本郷一夫．(2013)．保育・教育の場におけるチェックリストを用いた実践研究の進め方．*臨床発達心理実践研究*，8, 17-20．

尾崎康子・小林　真・水内豊和・阿部美穂子．(2013)．保育者による幼児用発達障害チェックリスト (CHEDY) の有用性に関する検討．*特殊教育学研究*，51, 335-345．

第Ⅱ部　実践研究の方法——行動・意図とその変化の捉え方

第8章 保育・教育コンサルテーションの進め方

森　正樹

　巡回相談とは，専門家が学校などを訪問し，特別な教育的支援を要する児童生徒に関して，教師等を対象に行う専門的支援である。今日，教育現場では巡回相談が広く行われており，全国の公立小学校の85.4％，中学校の73.4％が巡回相談の活用実績を持つ（平成27年度文部科学省特別支援教育体制整備状況調査）。さらには，特別支援学校のセンター的機能の一環としての小中高等学校への支援や，児童福祉法の定める保育所等訪問支援など，教育現場や保育現場が巡回相談を求める期待やニーズは益々高まっている。

　そこで本章では，臨床発達心理学の専門的背景を持つ巡回相談員が行う，保育・教育現場でのコンサルテーション（以下，コンサルテーション）の目的と方法，さらには実践研究を進める上での留意点を整理して紹介する。

1　保育・教育コンサルテーションとは何か？

（1）保育・教育コンサルテーションの目的と基本構造

　まずコンサルテーションの基本構造を確認しよう。コンサルテーションはクライエントとコンサルティ，そしてコンサルタントの三者間の関係で展開する。これを巡回相談にあてはめて考えてみよう（図8-1・次頁）。たとえば，ある小学校に学習や対人関係に困難を抱える児童（クライエント）がいたとする。この児童の教師や学校組織（コンサルティ）に対して，専門家（コンサルタント）が小学校を訪問して巡回相談を行う場合，この支援はコンサルテーションであると考えられる。そしてここでのコンサルタントの使命は，クライエントに関する諸課題をコンサルティが自らの教育実践の中でより主体的かつ効果的

に解決できるように支援することである。

（2）校外・園外の専門家に求められる役割と立脚点

つぎに、コンサルタント（巡回相談員等）とコンサルティ（教師等）をつなぐ矢印に注目したい（図8-1）。この矢印は双方向に伸びており、コンサルテーションが「相互作用」のプロセスであることが分る。当然ここでは、両者間の対話が不可欠である。

そして、コンサルタントとクライエントは実線ではなく点線で結ばれている。このことは、コンサルタントのクライエントへの関与が直接的ではなく「間接的支援」であることを示す。つまり巡回相談員は、訪問先の教師のエンパワメントを通じて児童の発達支援を行っている。これは本郷（2011）の言う「個人と個人を取り巻く環境への支援」のひとつと考えられる。

さらにここでは、お互いの「専門性を尊重」した関係を重視する。コンサルタントが専門家であるのと同じように、教師や保育者などのコンサルティもまた専門的職業人である。したがって、ここでは専門家と素人の関係ではなく、「対等な協働関係」が前提となる。もし専門家が一方的かつ権威的な指導を行い、教師や保育者がこれを"拝聴する"といった関係に陥ったら、これは、コンサルテーションの本来の姿からはかけ離れていると言わざるを得ない。さら

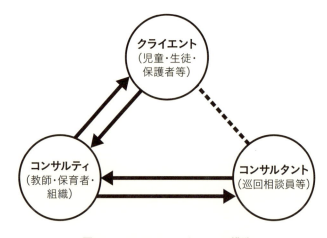

図8-1　コンサルテーションの構造

には，コンサルティの主体性を削ぐことにもなりかねない。

2　先行研究に見るコンサルテーションの可能性

(1) 保育・教育現場の実践への促進的関与

　コンサルテーションは教育現場の「実践の方針の明確化（浜谷，2006）」につながる。ただしこの方針は，専門家が模範解答を与えるような教示的・指示的関係ではなく，コンサルタントとコンサルティの"対話"を通じて導かれる。

　それではなぜ"対話"が大切なのか？　第一にコンサルティにとってコンサルタントとの対話は，毎日の実践を省察する機会となり，このことが「問題点の焦点化や整理（秋田，2008）」を促す。実際，巡回相談ではこの「整理」が上手く行くと，巡回相談員が事細かにハウツーを伝授せずとも，教師や保育者が実践上のアイディアを発想し語ってくれるものだ。

　第二に，「自分の仕事を自分の言葉で語る」機会は，コンサルティの目を「日々の実践の機能と意義」に向ける（森，2013）。この点に関して興味深い事実がある。保育現場や教育現場には"名人芸"や"職人技"とも言うべき，卓越した技術の持ち主がいる。しかしご本人の中で，その意義や根拠は必ずしも十分かつ明確に自覚されているとは限らないのだ。そこで，こうした方々にとって，対話を通じて日々の取り組みや関わりを言語化しかつ意味づける体験は，自らの「経験知を支援仮説に再構成（森，2015）」することにつながる。

　そして第三に，コンサルタントにとって対話は，重要なファシリテーションの技術の一つでもある。たとえば森（2017）は，小学校への巡回相談を行い，当日のカンファレンス（話し合い）で，対話を通じた関与を計画的かつ継続的に行った。その結果教師から，積極的で自発的な実践上の提案が多くなされたことを報告している（図8-2，図8-3・次頁）。このようにコンサルテーションは，保育・教育現場の実践への促進的関与である。

(2) 組織の体制強化やシステム形成への関与

　コンサルテーションは園や学校の"組織として"の機能開発の一助ともなる。

この点に関して森（2014）は、コンサルタントとしての高等学校への継続的関与を通じ、教師集団がより主体的かつ自立的にカンファレンスを計画・運営し、効果的にマネジメントをするに至った経過を報告している。

またコンサルタントの活動は、園や学校内外の「連携の強化」（浜谷, 2006）にもつながる。コンサルタントは、コンサルティに社会資源や情報資源の活用を促す役割、つまり、コンサルティ（個人・組織）が活用しうるサポートシステムのネットワークを形成する「媒介機能」（藤崎・木原・倉本・長田・今西, 2000）も果たす。さらには、巡回相談等の事業制度の設計や運営について、「組織コンサルテーション」行う専門家の活動も報告されている（木原, 2016）。

このようにコンサンテーションは、単なる専門性の提供ではない。それは、個人（教師や保育者）や組織（学校や園）そして地域社会が、それぞれの実態に即して進める課題解決を応援することである。例えるなら、専門性の「輸出産業」ではなく、「現地産業の振興」への協力であると言えよう。

3 コンサルテーションに活かす臨床発達心理学的観点

このように保育・教育現場へのコンサルテーションでは、巡回相談員と教師や保育者、双方の専門性が尊重され発揮される関係が基盤となる。そして、この

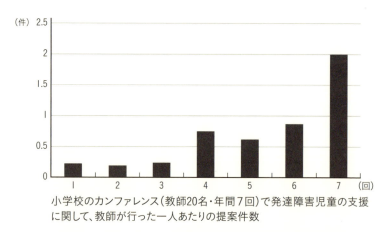

小学校のカンファレンス（教師20名・年間7回）で発達障害児童の支援に関して、教師が行った一人あたりの提案件数

図8-2　カンファレンス参加者一人あたりの提案数の推移

関係は異なる専門的背景を持つ職業人同士の，多職種間連携（Interprofessional Work）であると考えられる。それではコンサルタントが発達臨床の経験や背景を持つ場合，自身の専門性をどのように発揮すべきか。

（1）実践を発達的観点で意味づける

コンサルタントは，コンサルティに対して専門用語の濫用は避けたい。発達支援の方法をアドバイスしたり考える際は，関与する園や学校の日常に関連付けて語る努力を怠ってはいけない。それは，無藤（2011）の言を借りれば，自らの専門性の相手の「実践への翻訳」である。そのためには，平素から訪問先の学校や園の日常の実践に積極的関心を持ち，そこから学ぼうとする姿勢を持ち続けたい。さらにこれは相手への尊重の姿勢であり，信頼を得ることにもつながる。

ところで巡回相談をしていると，支援対象児の多くが簡単な「お仕事」を喜んで行っていることに気付く。しかし，これは偶然ではない。というのもこうした活動は学校生活で繰り返され，本人も見通しを持ちやすい。また役割を持つことで周囲の注目や承認を得て，自己効力感や動機づけが高まっている。このように，保育現場や教育現場で「当たり前」に行われている営みには，特別な教育的ニーズを持つ子ども達への発達支援としても，大切な機能や意味があ

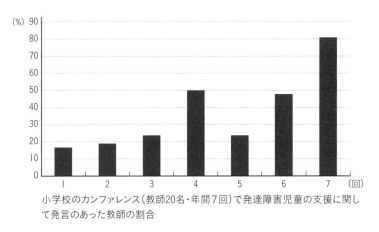

小学校のカンファレンス（教師20名・年間7回）で発達障害児童の支援に関して発言のあった教師の割合

図8-3　カンファレンスの全参加者に占める発言者の比率

るものが少なくない。そしてコンサルタントには，コンサルティとともにそれを発見して意味づけ，伝えて共有する役割が期待される。

（2）アセスメントのプロセスを共有する

前述のようにコンサルテーションは相互作用のプロセスである。したがって発達臨床の専門家が行うアセスメントもまた，コンサルティとの相互作用に位置づく。というのも，巡回相談では訪問先の学校や園で，コンサルタントが自らの目で対象児を観察できる時間は限られている。対象児についての多くの情報を持つコンサルティの協力（聞き取り，相談票，記録，作品や成果物の提供等）を得ずしてアセスメントは不可能である。

一方コンサルティ側，つまり保育者や教師は対象児や実践に関する沢山の情報を持つが，そこから支援の具体的な手がかりを見出すことに難儀することも珍しくない。そこでコンサルティはコンサルタントの進めるアセスメントに積極的に関与することで，目前の問題状況を整理し，支援につながる対象児理解の観点を得ることができる。このように，両者の関係は相互補完的で互恵的，かつ協働的であると言えよう。

（3）対象児理解の多様な「観点と枠組」を持つ

上記のように，保育現場や教育現場でコンサルタントが行うアセスメントには，コンサルティによる対象児理解を支援する意味もある。そのためにはコンサルタント自身も，現象を捉える多様な「観点と枠組」を持たなければならない。これは複数のレンズを使い分け，焦点やフレームワークを工夫するプロのカメラマンの仕事とよく似ている。

表8-1は，巡回相談当日のカンファレンスで事例検討をする際によく用いられる「観点と枠組」を集約したものである（森・細渕，2012）。そして，コンサルテーションの業務に携わる方は，こうした「観点と枠組」を意図的かつ目的的に用いて，教師や保育者に"発問"してみるとよいであろう。そこから始まる対話は，コンサルティの思考を整理し問題解決のプロセスを促進することとなる。このようにコンサルタントには質問や相談に「答える」だけではなく，「問いかける専門性」も必要とされるのである（森，2015）。

保育・教育コンサルテーションの進め方　第8章

表8-1　コンサルタントからコンサルティへの発問例

	問いかけの例	キーワード
1	今は？　これまでは？　これからは？	時間軸での理解
2	園や学校, 家庭や地域にも目を向けましょう。	生活環境
3	同年齢の標準的な姿と比べてみるとどうですか？	個人間差
4	苦手なこと得意なことは何ですか？　どう活かせますか？	個人内差
5	この子と周囲の人はどう関わっていますか？	環境との相互作用
6	その行動は, この子にとってどんな意味があるのでしょう？	行動の意味づけ
7	別の見方や考え方はできますか？	多面的理解・リフレーミング
8	この子に, 何をどのくらい手伝えばよいのでしょう？	援助の質・量の適切化
9	上手くやれている時とそうでない時, 場面や課題にどんな違いが？	場面・課題間の比較
10	この子がこの活動や課題を喜んでやっているのはどうして？	実践の意味づけ
11	今は誰かが手伝っていても, もうじき自力でできそうなことは？	発達の最近接領域
12	すぐに出来ることは？　長い見通しでやることは？	目標の設定
13	その課題や活動を, 幾つかの段階に分けるとができますか？	スモールステップ
14	後で問題や困難を大きくしないために, 今, 気をつけることは？	予防的観点
15	その支援の手立てを, 誰が・いつ・どんな場面で行いますか？	支援の具体化
16	その支援の手立ては, 無理なく実行し, 続けられるものですか？	実行・継続可能性
17	この子にも, どの子にも共通してメリットのあることは？	ユニバーサルデザイン

(森・細渕(2012)をもとに加筆・再構成)

4　カンファレンスにおけるファシリテーションの技術

　巡回相談では，コンサルタントは巡回相談員として園や学校を訪問し，実際に支援対象児の観察を行う。その後，学校の放課後や保育園のお昼寝の時間などに，教師や保育者との話し合いの場（事例検討会・研修会・校内委員会等）が設定される。こうしたカンファレンスを生産的かつ建設的に進めることが，コンサルテーションの成功の鍵であると言っても過言ではない。

　そこでコンサルタントには，カンファレンスに参加するコンサルティ（教師

表8-2　巡回相談のカンファレンスにおける専門家の関与

コンサルティ：教師・保育者	コンサルタント：巡回相談員等

1	園や学校にカンファレンスの準備や進行を要請する。
2	まず教育・保育現場の声を聴く。一方的に話さない。
3	「促し」と「問いかけ」でコンサルティ同士の対話を促す。
4	観察記録・エピソード・成果物等、コンサルティの身近な話題を取り上げる。
5	必要な情報の「確認」「収集」「整理」をコンサルティに促す。
6	地域資源の情報提供や活用を促す。
7	コンサルタントの役割と専門性を説明する(可能性と限界性)。
8	コンサルティの実践の意義や(期待される)効果に言及する。
9	子どもと周囲との相互作用を把握し具体的に説明する。
10	対象児理解や支援方法の検討のための「観点や枠組」を提供する。(表8-1参照)
11	皆が自由に発言できる前提を確認し、適宜ユーモアも使う。
12	断定的な発言は慎み、常に多様な可能性を意識する。
13	アドバイスはコンサルティ側の実行可能性、実践との連続性や応用性を考慮する。
14	「指導する・される」関係に陥らず、自ら保育・教育現場に学ぶ姿勢を示す。
15	「一緒に考えましょう!」という姿勢を言動に示す。
16	ハウツーだけでなく、根拠や導き出したプロセスも語る。
17	保育・授業参観を踏まえ、コンサルティ側の「ねらい・意図」を問う。

(森・藤野・大伴(2012)をもとに要約・再構成)

や保育者)とコンサルタント，さらにはコンサルティ同士の相互作用を促進するファシリテーターたる役割も期待される。つまり参加者の活発な発言や情報交換がなされ，相互の理解や共同した課題解決が進むように働きかけることである。表8-2に，森・藤野・大伴（2012）が提案するチェックリストをもとに，カンファレンスに臨む専門家に求められる態度や振る舞い方の幾つかを紹介する。

5 コンサルテーションの実践研究の留意点

　それでは，コンサルテーションに従事する専門家は，自らの行う支援を踏まえ，どのように実践研究を進めればよいのだろう。

　まず，関与する現場に過剰な時間的・物理的負担をかけないことである。これは倫理上の事項ではあるが，研究からより一般化した知見を得る上でも欠かせない留意点である。というのも，効果的なコンサルテーションの在り方を提唱したとしても，それがかなりの無理を現場にお願いしなければ実行できないノウハウや技法だとしたら，他の学校や園での実行は難しいからである。

　つぎに，教育・保育現場で生じている問題状況や，保育者や教師から投げかけられる課題意識に必ず着目し共有したい。研究者のリサーチクエスチョンも，この課題意識に十分に関連づけられる必要がある。そして，可能な限り研究の目的や意義をコンサルティに説明（口頭・文書）して理解を得るようにしたい。

　そして，研究者の"立ち位置"も大切である。コンサルティの課題解決をただ静観して記述するのではなく，自らもこれに積極的に関与するのだ（アクション・リサーチ）。そこでは，研究者自身の課題意識や思考と判断，そして行動も研究の対象となる。さらには，自身の関与する保育者や教師，園や学校組織，地域社会との相互の関係をモニタリングし，ここで自身を俯瞰する視点をつねに持たなければならない。

　また，実際にコンサルテーションの実践研究をしていると，「そんなはずでは無かった」と，当初の計画どおりにことが運ばず，「え？　何で？」と想定外の事態に遭遇する。しかし嘆くなかれ。実は，一見，「遠回り」に見えるこうした事象の意味を真摯に考え，また新たな支援仮説を練るプロセスにこそ実践研究の本質と醍醐味がある。つまり専門家は，考えてから歩き出すことも，立ち止って考えることも，そして，歩いてみて考えることもあるのだ。

【文　献】

秋田喜代美．(2008)．園内研修による保育支援：園内研修の特徴と支援者に求められる専門性に着目して．*臨床発達心理実践研究*，3，35-40．

浜谷直人．(2006)．小学校通常学級における巡回相談による軽度発達障害児等の教育実践への支援モデル．*教育心理学研究*，54，395-407．

本郷一夫．(2011)．臨床発達心理学における専門性，実践性，学際性．本郷一夫・金谷京子，編著．*臨床発達心理学の基礎 (臨床発達心理学・理論と実践①)*．京都：ミネルヴァ書房，30-39

藤崎春代・木原久美子・倉本かすみ・長田安司・今西いみ子．(2000)．統合保育において子どもと保育者を支援するシステム研究．*発達障害研究*，22 (2)，120-128．

木原久美子．(2016)．巡回発達相談のシステム開発を支援する行政との組織コンサルテーション．*臨床発達心理実践研究*，11 (1)，63-75．

森　正樹．(2017)．学校コンサルテーションにおける教師の課題解決のファシリテーション技法に関する実践的研究．*臨床発達心理実践研究*，12 (1)，64-74

森　正樹．(2015)．小中学校における特別な教育的ニーズを有する児童生徒への支援の実態と類型：特別支援教育巡回相談における授業観察記録に基づく検討．*臨床発達心理実践研究*，10 (1)，95-103．

森　正樹．(2014)．高等学校教職員による特別支援教育の主体的課題解決を促進する学校コンサルテーションの技法に関する実践的研究．*臨床発達心理実践研究*．9 (2)，126-134

森　正樹．(2013)．特別支援教育における学校コンサルテーション技法の考察：小学校での校内研修の効果的活用方法に着目して．*埼玉県立大学紀要*，15，79-87．

森　正樹・細渕富夫．(2012)．臨床発達心理学的観点に基づく個別の指導計画作成　プロセスへの支援：中学校教育相談部への学校コンサルテーションの実際．*埼玉大学教育学部教育実践総合センター紀要*，11，117-125．

森　正樹・藤野　博・大伴　潔．(2012)．現場における特別支援教育巡回相談の効果的活用に関する諸課題：教師の意識と行動に着目した学校コンサルテーションのニーズの検討．*臨床発達心理実践研究*，7，175-183．

無藤　隆．(2011)．臨床発達心理学における専門性，実践性，学際性．本郷一夫・金谷京子，編著．*臨床発達心理学の基礎 (臨床発達心理学・理論と実践①)*．京都：ミネルヴァ書房 13-21．

第Ⅲ部

実践研究の
まとめ

実践研究の評価と公表の仕方

第9章 文献検索とその利用方法

飯島典子

1 文献の種類

　文献には知識と情報が蓄積されているが，図書，論文，インターネット情報などさまざまな形態で記録され，それぞれの情報には特徴がある。文献の活用にあたっては，文献情報の特徴を理解し適切に用いることができる視点をもつことが最も大切なことだといえる。まず，図書には教科書，専門書，辞典などいつくかの種類がある。これらの図書は頻繁に改訂することはできないため，引用文献は当該図書の刊行以前に発表されたものに限られ，最新の情報を得ることはできない。刊行年から随分と時間が経過し，当該図書にまとめられた理論とは異なる考えが一般的になっている場合もある。文献の引用にあたっては図書の刊行年を踏まえて情報を取り扱う必要がある。

　次に論文には学術雑誌に掲載された雑誌論文，大学などの機関が発行している研究紀要などがある。論文には先行研究との系統的な繋がりを示しつつ新たな知見が示されており，最新の情報を得ることができる。また，レビュー論文は特定の研究分野について文献を多数引用しながら研究動向を全体的に展望し，今後の動向について示唆する論文である。したがって，当該研究分野を系統的に理解できるだけでなく，その領域に関する先行研究を把握し，キーワードの繋がりを捉えることができる。研究テーマが特定されている場合はレビュー論文から読み始めるのもよいだろう。

　図書や論文に引用されている箇所は，当該分野の解説や論旨の説明をするために用いられているものであり筆者のオリジナルではない。ときには筆者の解釈が加えられている場合もあるため，そのまま引用（孫引き）せず，必ず引用されたオリジナルの文献に立ち戻る必要がある。オリジナルの文献にはどのよ

うなことが書かれているのかを確かめ，その理論が展開されるに至った過程や結果が導き出された方法などから，筆者の考えの根拠を改めて理解した上で引用しなければならない。ときには，オリジナルの文献を読み解くうちに想定していた考えが変化し，新たな考えが創造される場合もある。

2 インターネットを利用した情報収集

(1) インターネット情報

インターネットによる情報資源は膨大にあるためWebサイトを活用すると効率よく情報を引き出すことができる。ここではWebサイトを活用した情報入手や文献の検索方法について概説する。

Webサイト情報で活用できるもののひとつに厚生労働省や文部科学省の統計情報や白書がある。たとえば，厚生労働統計一覧では厚生労働省が実施している主な統計調査や業務統計の集計結果等の搭載場所等をみることができる。各省庁により閲覧可能な情報が異なるため目的に応じて活用するとよいだろう。また，Webサイト情報は常に変化していることから，新しい情報を得ることを心がける必要がある。

次に，インターネットを利用した文献探索で役立つものとして探索エンジンのGoogle Scholar，データーベースWebサイトのCiNii, NDL ONLINEなどがある。大学図書館などは特定のデーターベースサイトと利用契約をしている場合もあるため，それらを利用できるか調べてみるとよい。

Google Scholar, CiNii, NDL ONLINEなどを活用することで，文献の電子ファイルを入手する，文献の所蔵場所をみつけるといったことができるが，テーマにあった必要な文献を探し出すためには，適切なキーワードを入れることが鍵となる。たとえばCiNiiで「ASDの情動調整」について検索するとしよう（※注：以下は2017年11月24日現在のものである）。「ASD　情動調整」（単語と単語の間のブランクは「AND」の意味）で検索すると2件しかヒットしない。このようにキーワード検索の場合，入力したキーワードから少しでも外れると重要な文献が検索されない場合がある。一方，「ASD」で検索すると

2613件の検索結果が出てきてしまう。そこで,「ASDの情動調整」といっても表情,情動の種類,表出と抑制,表出方法などいくつものテーマにわけ,そのうち1つを取り出して検索すると,「ASD　表情」では14件がヒットする。また,そもそも情動調整を取り上げる理由がASDの仲間関係の形成であった場合,「ASD　仲間」で検索するなど必要な文献に辿り着くためには複数の視点からキーワードを繋いでいくことがポイントとなる。また,比較的新しい文献の引用文献を情報のリソースとして見つけ出すのもよいだろう。このときどのようなキーワードが適切であるかわからない場合は,索引や専門分野の辞書,論文に記載されているキーワードを参考にするとよい。次に,インターネットを利用した文献検索の方法の例を示す。

(2) Google scholar

Googleといった一般的な探索エンジンは手軽である一方,探索対象が幅広く不必要な情報も多く検索されてしまう。これに対しGoogle Scholarは研究用の探索エンジンであり,学術専門誌,論文,書籍などさまざまな分野の学術資料のみを検索できる。日本語よりも英語の文献検索に長けている(図9-1)。

(3) CiNii Articles

国立情報学研究所が提供するCiNii Articlesは,学協会刊行物,大学研究紀要,国立国会図書館の雑誌記事索引データーベースなど,学術論文情報を検索することができるデーターベースで,日本の文献を検索できる。CiNii Articlesでは検索結果のうち,無料公開されているフルテキスト版PDFがある場合は機関リポジトリ(大学等が自機関の構成員による成果等を収集公開している電子アーカイブシステム)へのリンクがあるなど利便性が高い。また,検索にあたっては,論文タイトルだけでなく,著者名,刊行物名,参考文献などを指定する詳細検索ができ,目的の論文を見つけやすい。

検索結果は図9-2,図9-3(p.92,93)のように論文情報だけでなく,関連情報のリンクが表示されるので,ここから検索を広げていくことができる。また,CiNii Booksでは大学図書館が所蔵している図書検索もでき,CiNii Articlesと同様に図書のタイトル,著者名,出版社などを詳細に指定できる。そして,図

書が所蔵されている大学図書館の一覧から，実際に図書館に行き閲覧可能か検討する。もし近隣の図書館に所蔵されていない場合には，近隣の図書館を通じて文献複写を依頼（有料）することで入手できる。

（4）NDL ONLINE

NDL ONLINEは国立国会図書館の資料を検索、利用するためのサービス。国立国会図書館は国内雑誌を網羅的に所蔵しているという利点がある。そのため，文献がPDFファイルで公開されていない場合に，NDL ONLINEで検索し国立国会図書館に所蔵されていれば利用者登録をすることで文献の複写申込み（郵送複写等のサービス）をすることができる。文献検索にあたっては，タイトル，著者名，雑誌名などを用いて詳細に検索できるが，国内のものが多く海外の文献検索には弱い。検索結果は図9-4（p.94）のように一覧表示され，確認したい文献をクリックし詳しい情報を表示する。このとき，国立国会図書館の蔵書と利用可能なデジタルコンテンツをあわせて検索することができる。

①Google Scholarで検索するキーワードの入力（ここでは「気になる子ども」）
②元サイトのリンクおよび著者, 出版物名等論文情報の一部
③この論文を引用している論文等の数
④この論文を引用, 言及している他の文献。関連記事として表示される
⑤期間による情報の絞り込みを指定する
⑥クリックするとこの論文のPDFファイルが表示される（PDFの表示がなければ入手できない）

図9-1　Google Scholarの検索結果画面の見方（画面は2017年11月24日のもの）

第Ⅲ部　実践研究のまとめ

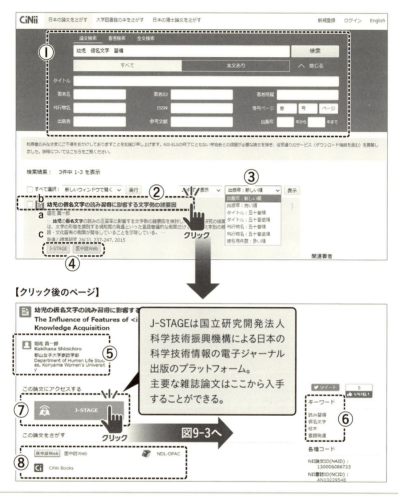

図9-2　CiNii Articlesの検索結果画面の見方（画面は2017年11月24日のもの）

第9章 文献検索とその利用方法

3 引用のルール

　実践研究の論文や報告書の本文中で文献を引用する際には，どこからどこまでが引用しているのか引用の範囲をルールにしたがって記述し，文献の書誌情報も記載する。引用にあたっては一言一句違わずに引用する場合（例1）と，内容を要約し間接的に引用する場合がある（例2）。なお，記述ルールは学問領域や学会誌によって異なっている。たとえば，「」を使う，ページも記するなど記載ルールはさまざまである。この引用のルールを無視してしまうと，「剽窃」を疑われてしまうこともあるため特に気をつけなければならない。自身の考えや研究の成果を正しく伝えるためにも，論文にまとめる際には所属する学会等の論文執筆要項を確認する必要がある。

①クリックすると本文PDFが表示される
②キーワードをクリックすると，J-STAGEにある同一キーワードの文献が表示される
③引用文献をクリックすると，この論文の引用文献のうちJ-STAGEにある文献の一覧が表示される

図9-3　J-STAGEの検索結果画面の見方（画面は2017年11月24日のもの）

第Ⅲ部　実践研究のまとめ

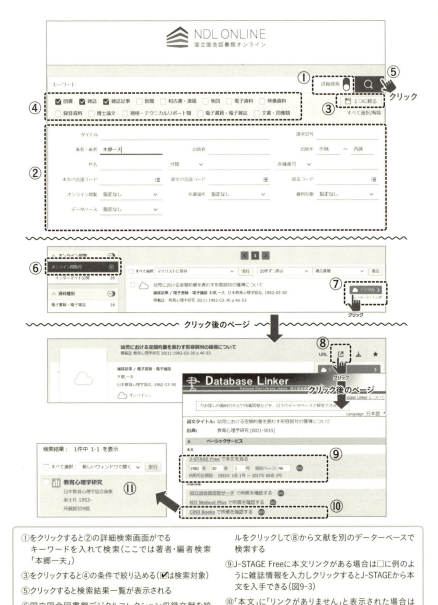

図9-4　NDL ONLINEの検索結果画面の見方（画面は2018年1月15日のもの）

【例1】

　本郷（2012）は，その検査が有効かどうかは，その新しさではなく，それを用いたときに子どものどのような側面についての理解が深まるかということによって判断されるべきである，と述べている。

【例2】

　新しい心理検査の有効性について，検査の新しさよりも，それを用いるとどの側面に関する子どもの理解が深まるのかといった，発達理解の観点から判断することの重要性が指摘されている（本郷, 2012）。

　なおこの例で示された「本郷（2012）」「（本郷, 2012）」とは本郷が2012年に発表した文献という意味である。図書の場合，これらの情報は奥付（図9-5）から得ることができる。参考になった文章のあるページをコピーし引用してみたものの，いざまとめようとしたときに奥付がなく，そのコピーは一体どの文献から得たのかが分からないということがある。文献情報を載せられないもの

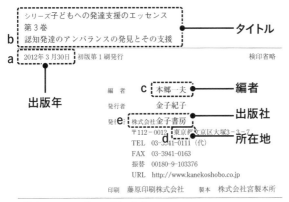

図9-5　奥付にある書誌情報

は本文に記述することができないため，本文と同時に奥付の書誌情報も整理しておく必要がある（図9-5）。

　本文で引用された文献は必ず「引用文献」として書誌情報を記載しなければならない。また，「引用文献」に記載されている文献は全て本文で引用されなければならない。したがって，本文中の引用箇所・記述と「引用文献」との整合性を必ずチェックする。また，「引用文献」の書誌情報（著者名・発行年・題名・発行元・掲載ページなど）の記載方法や文献の並べ方は学問分野によって異なっている。自身の所属する学会や専門領域で著名な学会の論文執筆要項などを参考に確認するとよい（例3，例4）。

【例3　論文　図9-2にあるa～cの情報を並べる】
垣花真一郎．(2015)．幼児の仮名文字の読み習得に影響する文字側の諸要因．*発達心理学研究*, 26, 237-247.

【例4　図書　引用した章の情報および図9-5のa～dの情報を並べる】
本郷一夫．(2012)．課題と展望．本郷一夫（編），*シリーズ：子どもへの発達支援のエッセンス：3　認知発達のアンバランスの発見とその支援*（pp.227-231）．東京：金子書房．

【文　献】

毛利和弘．(2016)．*文献調査法：調査・レポート・論文作成必携（情報リテラシー読本）第7版*．東京：日本図書館協会．
白井利明・高橋一郎．(2008)．*よくわかる卒論の書き方*．京都：ミネルヴァ書房．
山崎茂明・六本木淑恵．(2013)．*看護研究のための文献検索ガイド第4版増補版*．東京：日本看護協会出版会．

第Ⅲ部　実践研究のまとめ――実践研究の評価と公表の仕方

第10章 量的データのまとめと検定

神谷哲司

1 はじめに――量的データをまとめる3つの工程

　データとは，一般的には，「理解や判断の材料となる情報」を指し，特に心理学では，質問紙やインタビューへの回答，行動観察の記録などさまざまな尺度を用いて収集された情報である（芝田, 2017）。収集された情報は，「年齢」のようにそのまま定量的なデータとして扱えるものもあれば，「語り」にみられるように言語的な，いわゆる定性的データ（質的データ[注1]）のものもある。それらを，量的研究としてまとめるのであれば，数値のものは数値として，そうでないものは，何らかの基準（ものさし）を使って，収集したデータを数値に置き換えることとなる。定性的なデータを数値化して量的データとしてまとめることも一般に行われることである。

　その「量データをまとめる」ことを考えてみると，①ある特定の出来事に「ものさし（尺度）」を割り当て測定し，数値で表す，②測定された2つ以上の出来事のデータの関連（関連の強さや集団差）を検討する，③その関連が，今回得られたデータだけではなく，一般的に（ほかのサンプルでも）言えることなのかどうか（サンプルデータの一般化）を統計的に吟味するといった3つの工程に分けられる。本章では，この3つの工程についてそれぞれ概説していく。なお，一般には，①と②を記述統計，③を推測統計と称する。①や②のような記述統計による実践研究のまとめ方もあることは強調しておきたい。

注1：「質的データ」という用語には，「質的研究でよくみられるような主に言語を用いた定性的なデータ」という意味のほか，後述するように，「質的な数値データ」（順序尺度・名義尺度のデータ）という意味でつかわれることがあることに留意が必要である。

2　ある特定の出来事に「ものさし」をあてる――尺度水準

　そもそも，なぜ「数値」に置き換えるのだろう？　例えば，あるクラスの子どもたちの「身長」を測ることを考えてみよう。二人ずつ背中合わせになってどちらが高いかを比べながらクラス全員を背の順に並べるのはたいへん面倒であろう。一人ずつ，身長を測り，その数値で並び替えれば容易く間違いもない。また，その一人一人の身長をもとに，平均値や中央値といった「代表値」でクラスの子どもたちのおおよその背の高さを表現することもできる。このように，数値に置き換えることで，「扱いやすく」，また，「わかりやすく」することが，量的にまとめる大きな利点であるといえよう。なお。この「身長」のように，人によって取り得る値が異なるものを，「変数」という。

　一方で，数値に置き換える際に，留意すべきこともある。というのも，ある特定の出来事にものさし（尺度）を割り当てる際には，元のデータがどのようなデータであったかによって，その測定値が持つ意味は異なってくる。これを，「尺度水準」といい，4つの水準に分けられる（芝田，2017の説明が詳しい）。後述するように，尺度水準は，データのまとめにあたり重要な意味を持つ。

①比率尺度

　身長や体重，あるいは100m走の速さなど，なにもない状態（0）から等間隔の目盛を持つ尺度。従って，マイナス（－）の値をとることはなく，数値同士を四則演算（たす，ひく，かける，わる）することができる。比例尺度，比尺度ともいう。

②間隔尺度

　気温や海抜など，目盛の幅が等間隔だが絶対的原点（0）を持たない尺度。気温で言えば，摂氏0℃は，水の凝固点（凍る温度）を示すものでしかなく，華氏表記では，32℉で示されるなど，相対的な基準でしかない。そのため，数値同士を用いて「たす，ひく」は可能だが，「かける，わる」はできない。このことは，気温30℃は気温20℃よりも10℃高いとはいえるが，1.5倍暑いとは言えないことで理解されるだろう。

③順序尺度

　割り当てる数値に大小の順序性はあるが，その間隔は等しくない尺度。例えば，学歴を数値化する際に，「中卒＝1，高卒＝2，短大・専門学校卒＝3，四年制大学卒＝4，六年制大学卒・大学院修了＝5」と学歴が低い順に1から5までの数値を振り振った場合があてはまる。このとき，「数値が大きいほど学歴は高い」ことは示されるが，「四年制大学卒（4）から短大・専門学校卒（3）を引くと中卒（1）になる」という計算は意味をなさない。

④名義尺度

　量の大小や順序ではなく，質的に異なるものに数字を割り当てただけの尺度。身近なものでは，性別「男性＝1，女性＝2」や，居住地などで用いる都道府県「北海道＝1，青森県＝2，…」などが挙げられる。数値の大小や順序に意味はないので，性別についても「女性＝1，男性＝2」としても何の問題もない。それゆえ，順序尺度と同様，四則演算することはできず，回答が何種類かあったのかを数えたり，それぞれの種類に含まれる値がいくつあったのかを数えたりすることしかできない。

　これらの尺度水準は，その言葉通り，水準（レベル）の高低があり，高い方から順に比率尺度，間隔尺度，順序尺度，名義尺度となる。尺度の水準が高いということは，その尺度で得られたデータがより多くの情報を持ち，四則演算などの様々な処理を行うことができることを意味する。例えば，比率尺度や間隔尺度は「たす，ひく」計算が可能であるため，平均値を算出することができるが，順序尺度や名義尺度では，四則演算ができないため平均値を求めることはできず，代表値で言えば，中央値や最頻値を示すことしかできない[註2]。そのことから，比率尺度と間隔尺度によるデータを「量的データ（定量的データ）」，名義尺度や順序尺度を「質的データ（定性的データ）」ということもある。

　なお，質問紙調査などでは，質問項目ごとに，「あてはまる（5点）」から

註2：順序尺度では，その順序性に着目した相関係数の算出方法はある。

「あてはまらない (1点)」までの5つの選択肢から1つだけ選ぶ，リッカート法による評定がよく見られる。この評定法については，その評定値同士の間隔が等しい保証はなにもなされていないため，原理的には「順序尺度」であるといえる。しかしながら，上述のように，順序尺度では「たす，ひく」などの演算ができないこと，経験的にこれらの評定値はほぼ等間隔であると考えられること，5段階や7段階以上の場合には，間隔尺度とみなしても大きな問題は生じにくいとのことなどから，便宜的に間隔尺度として用いられている。また，比率尺度は順序尺度としても使えるなど，高い水準の尺度は，より低い水準の尺度とみなすこともできる（芝田, 2017）。

3 測定された2つ以上の出来事のデータの関係を検討する

一般に，（法則定立的な）研究論文では，「子どもの多動傾向が強いほど，その子どもを育てている母親は育児ストレスが高い」というような2つ以上の「変数」同士の関係性を明らかにしようとする。つまり，研究論文の目的は事前に想定した「変数」同士の関係を，量的データに基づいて明らかにすることであるといえる。

このとき，想定している2つ（以上）の変数同士が，ある一定のメカニズムによって，どのような関係を示すものであるかを文章化したものを「仮説」あるいは「予想」と呼ぶ（第1章参照）。その際，その変数関係について，ある種の理論的仮定に基づく人の変化に関するメカニズムに従って想定されているのであれば，一般には，「なにがなにに影響を与えるか」という，変数間の影響の方向，すなわち，原因となる変数と，それによってもたらされる結果としての変数の関係を想定することとなる。このとき，原因側の変数を「独立変数」（説明変数，予測変数）といい，結果側の変数を従属変数（被説明変数，基準変数，目的変数）という。先に挙げた「子どもの多動傾向が強いほど，その子どもを育てている母親は育児ストレスが高い」という予想も，子どもの多動傾向が原因となり，その結果，母親が育児ストレスを高めるという因果を想定しているのであれば，子どもの多動傾向が独立変数，母親の育児ストレスが従属変数となる。

表10-1 変数同士の関係と尺度水準, 分析方法のまとめ

	分析の意味		分析手法		独立変数	従属変数
関連の分析	2変数の関連の分析		順位相関係数 (ケンドール, スピアマン)		順序	順序
			積率相関係数, 単回帰分析		間隔	間隔
			χ^2検定	φ係数 クラメールの連関係数	名義	名義
差の分析	比率の差の分析		コクランのQ検定		名義	名義
	平均値の差の検定	1要因2水準	t検定		名義	間隔
		1要因3水準以上or2要因以上	分散分析		名義	間隔

　「変数」同士の関係を示す方法については，大きく，①2つの変数の「関連」の強さを検討するタイプと，②質的に異なる複数のグループ（「集団の違い」という変数）によって，もう一方の変数が取りうる値（平均値）に違いがみられるか（差があるか）を検討するタイプの2つに分けられる。前者は，上述のような「多動傾向の強さ」と「母親の育児ストレス」という2変数の関連の強さを検討するようなケースであり，後者は，例えば同じクラスの子どもたちの平均身長が男児と女児で違っているかどうかを検討するようなケースである。

　前者の関連の強さを検討する分析については，用いる尺度水準によって，ピアソンの積率相関係数や順位相関係数，連関係数（φ係数やクラメールの連関係数）などの使い分けがなされる（表10-1参照）。これらはいずれも記述統計である。

4　サンプルデータの一般化——統計的検定

　得られたデータの変数同士の関連は相関係数やφ係数によって示される。しかし，研究論文の大きな目的の1つは，「○○であれば，△△である」といったルールを明らかにすること（法則定立）である。そこで，得られたデータに基

づいて，変数間の関連が一般的に成り立つものであるかどうかを確かめるのが統計的検定の段階（これを「推測統計」という）である。相関係数のような，2変数の関連の強さを示す統計量についても，それが一般的に言えることなのかどうかを推測統計によって検定すること（いわゆる「無相関検定」）は，よく見かけるであろう。

また，集団の違い（グループ間の「差」の検討）を見る場合には，その「差」がどれだけ大きければ意味がある差なのか（測定誤差（測定するたびに生じる測定値のブレ）によらない，グループの違いに起因する差であるのか）を判断することは難しい。そこで，収集したデータ（サンプルデータ）の結果が，一般にも言えるものであるかどうかについて，統計的検定を用いることとなる。

グループ間の「差」を検討するやり方はさらに，比率の差を比べる方法と，平均値の差を比較する方法に大別される。比率の差の分析について，詳細は岸（2005）に譲り，ここでは，評定値の差の検定でよく用いられる，平均値の差について検討するやり方を紹介しよう。例えば，先に挙げた，同じクラスの子どもたちの身長が男児と女児で違っているかどうかを検討するようなケースである。しかし，先述のように，2群間で身長の差を求めても，具体的に群間にどの程度の差があれば「差がある」といえるか，その基準はあやふやである。そこで，そのデータ（サンプル）に合わせて，限定した母集団を想定しつつ（南風原，2002），推測統計を用いてその母集団の値を推定し，統計的に検定を行うことになるのである。

この群ごとの平均値の差を検討する場合，検討するのは2つ（以上）のグループの「差」なので，グループの違いは名義尺度（例えば，「男児」か「女児」か），（身長のような）差を検討する変数（従属変数）は，比率尺度や間隔尺度で割り当てられた数値となる。このように，変数間の関係と尺度水準によって，実際の統計的な分析手法が決まることとなるのである（表10-1）。

5 群間差の比較で気をつけなければならないこと —— 個体間要因と個体内要因

群間の差を比較し，統計的検定を行う際に，もう1つ留意すべき事項がある。それは，比較しようとする群同士がどのような関係にあるのかである。すなわ

ち，比較する2つ（以上）の群それぞれが異なった人々で構成されているのか（個体間），同じ人々（ペアやグループ）による2回（以上）にわたる測定値なのか（個体内）の違いである。前者（個体間要因）は，独立変数に性別（男女）を設定した場合などであり，後者（個体内要因）は，同一の人物が複数回評定を行った，その評定値同士の差を検討する場合である。後者の具体例としては，クラス全員で，実験的操作の事前テストと事後テストを2回受けたときの，2回のテスト得点の差を検定するような研究が考えられる。この「個体内要因と個体間要因」は，「繰り返し（反復測定）のある・なし」「（データの）対応ある・なし」と表現されることもある。

独立変数が個体間か個体内かの違いは，群間の差の検定の際に手続きが異なってくるばかりでなく，分析にあたって，Excelなどの表計算（統計）ソフトに収集したデータをどのように入力していくかという問題と直結している。現代では，統計的検定を行う際には，パソコンの統計ソフトを利用することがほとんどであると考えられるため，非常に重要なことである。そこで最後に，この点について説明しておこう。

6 表計算ソフトにおけるデータの扱い——入力方法

図10-1（次頁）は，ある保育所で収集した子どもの衝動性得点と母親の育児ストレスを分析のために表計算ソフトに入力した1例である。この例では，子どもの在籍クラス，性別，家族構成，母親の年齢ならびに，2時点（T1とT2）にわたる子どもの「衝動性得点」と母親の「育児ストレス」の得点を示している。具体的な各データの情報は表10-2（次頁）の通り。

ここで大事なことは，一人一人の子ども（とその母親）のデータは，1行ごと横に入力されており，縦方向（列）に，個々の子ども（とその母親）の持つ各変数の評定値がならんでいることである。ちなみに，一般的には，調査対象者1人につき，1行を用いてデータを変数ごとに横に入力していくが，このデータの場合，「子ども」と「母親」のデータは「母子」という「対応のあるデータ」（ペアデータ）であるため，別の人間（個人）でも同じ行に入力されている。このとき，縦方向（列）の数値で群分けを行うと，個体間要因（対応なし）とな

第Ⅲ部　実践研究のまとめ

	A	B	C	D	E	F	G	H	I
1	ID	クラス	性別	家族	母年齢	衝動性得点(T1)	育児ストレス(T1)	衝動性得点(T2)	育児ストレス(T2)
2	1	3	1	2	29	4.10	3.83	2.13	4.70
3	2	3	1	1	25	3.50	3.00	2.75	2.30
4	3	3	2	2	32	2.80	2.08	2.00	3.20
5	4	4	2	3	38	3.90	3.75	4.00	4.90
6	5	4	2	2	34	4.80	4.17	2.38	2.80
7	6	4	1	2	28	3.20	3.33	2.25	3.60
8	7	4	1	2	41	2.40	1.50	3.00	3.00
9	8	4	2	3	36	3.30	4.42	2.25	2.40
10	9	4	1	3	33	2.60	2.42	2.75	3.60
11	10	4	2	2	31	3.50	3.42	1.88	3.20
12	11	4	1	2	38	2.60	2.83	3.00	3.30
13	12	5	1	2	45	3.30	4.50	3.75	3.90
14	13	5	1	2	29	2.30	2.00	1.63	3.50
15	14	5	2	1	35	3.90	3.83	3.50	4.10
16	15	5	1	3	38	2.60	2.67	3.25	3.00

図10-1　量的データの表計算ソフトへの入力例

表10-2　図10-1のデータにおける各変数の意味と尺度水準

変数名	測定値の意味	尺度水準	取りうる数値の範囲
ID	個票の識別番号	名義	1〜N[※1]
クラス	3歳児クラス＝3 4歳児クラス＝4 5歳児クラス＝5	順序	3〜5
性別	男児＝1 女児＝2	名義	1 or 2
家族形態	単親家族＝1 核家族＝2 拡大家族＝3 その他＝4	名義	1〜4
母年齢	実(生活)年齢	比率	実際の母親の年齢
衝動性得点	5件法	間隔	1〜5[※2]
育児ストレス	5件法	間隔	1〜5[※2]

※1　Nはデータ回収数
※2　複数の項目の尺度得点の平均値を，図10-1では小数点第2位まで表示している。

り，横方向で同一ケースの得点の変動（例えば，衝動性のT1とT2の差の検定）を検討する場合には，個体内要因（対応あり）になる。

　例えば，「子どもの衝動性が高いほど母親の育児ストレスも高い」と予想した場合には，T1時点の「衝動性得点」（間隔尺度）と「育児ストレス」（間隔尺度）の積率相関係数を算出し，無相関検定を行うことになる。また，「クラス年齢が低いほど，また，女児よりも男児の方が，衝動性得点が高い」と予想した場合は，「クラス」（順序尺度を名義尺度と見なす）と「性別」（名義尺度）を独立変数（ともに対応なし）とし，従属変数をT1の「衝動性得点」とすることで，2要因の分散分析を行うことになる。あるいは，「2回測定した育児ストレスについて，2回とも男児の母親は女児の母親よりも得点が高く，また，女児の母親の育児ストレスは1回目よりも2回目の方が低い」と予想する場合では，「性別」（名義尺度）と，「育児ストレスの繰り返し要因」（名義尺度）を独立変数，育児ストレス得点を従属変数とする，対応なし・ありの2要因分散分析となる。

　なお，従来の推測統計では，サンプルから母集団の統計量を推定する手続きを取っているため，サンプル数を多くとれば，「有意である」とする結果が示されやすいことが知られている。そうしたことから，近年では，独立変数が従属変数にどの程度，影響を与えているのかについて示す指標として，効果量を論文に明記するようになってきていることも付記しておく（詳しくは，水本・竹内，2008；大久保・岡田，2012）。

7　量的データによる実践のまとめのすすめ——おわりにかえて

　本章では量的データのまとめと検定について，最小限のエッセンスのみを（多少の誤解を招く表現も含みつつ），概説することを試みた。紙幅の関係で，統計的検定の考え方については触れられなかったが，山田・村井（2004）など，優れた解説書が多く出版されているので，そちらで学びを進めてもらいたい。また，論文の読み方に関する概説書（浦上・脇田，2008）もお薦めである。そして，本章を足がかりとして，関連書にあたって量的データを扱った研究をまとめる方法について習熟し，ぜひとも自らの実践をまとめることにチャレンジしてほしい。そのための紹介すべき文献は数えきれないが，本文中で紹介した

文献以外にも，さまざまなテキストを参照して学びを進めていただきたい。

【文　献】

南風原朝和．(2002)．*心理統計学の基礎*．東京：有斐閣アルマ．
岸　学．(2005)．*SPSSによるやさしい統計学*．東京：オーム社．
水本　篤・竹内　理．(2008)．研究論文における効果量の報告のために：基礎的概念と注意点．*英語教育研究*，31，57-66．
大久保街亜・岡田謙介．(2012)．*伝えるための心理統計*．東京：勁草書房．
芝田征司．(2017)．*数学が苦手でもわかる心理統計法入門*．東京：サイエンス社．
浦上昌則・脇田貴文．(2008)．*心理学・社会科学研究のための調査系論文の読み方*．東京：東京図書．
山田剛史・村井潤一郎．(2004)．*よくわかる心理統計*．京都：ミネルヴァ書房．

第Ⅲ部 実践研究のまとめ——実践研究の評価と公表の仕方

第11章 実践記録と実践研究論文の書き方

宮﨑 眞

1 はじめに

　学校，通所あるいは入所施設で，障害のある人たちにあるいは特別な教育的なニーズのある人たちに，教育や支援を提供するため実態把握を行う。そして，指導や支援の目標とその達成のため計画を立て，指導や支援を開始しその経過を振り返りながら指導計画や具体的な指導について絶え間なく見直しを行う。また，この実践を指導や支援の対象者本人や保護者に報告をしたり，連携する関係者との打ち合わせにおいて公表し，より質の高い指導や支援の開発につなげる。このような実践は，学校などで日々行われているPDCA（Plan Do Check Act）サイクルに基づく実践である。PDCAサイクルの実践は，実践研究論文にまとめることが可能である。

　それに対して，研究授業および研究協議会で配布される学習指導案などの研究報告は，そのままでは実践研究論文にならないことが多い。理由としては，学習指導案の内容は，実践研究論文の方法に記載される指導目標や場面あるいは活動に相当する。臨床発達心理学における実践研究は，これらの指導目標と方法に加え，その指導や支援により生まれた対象者の変化や環境側の変化を客観的なデータで示さなければならない。この部分が研究授業にはないことが多い。実践研究論文と研究授業とは目的が異なるから当然なのかもしれないが，安易に研究授業から実践研究論文が生まれると勘違いしてはならない。

　教育福祉の現場で着実に成果を上げている指導者や支援者がその実践を実践研究論文にまとめたいと考えるのは当然のことである。しかし，実践報告と実践研究論文とは，相違があることを理解する必要がある。研究論文にはまとめ方の形式・ルールがあり，それに従いまとめる必要がある。いくらすばらしい

実践であっても，その形式・ルールに基づかないと，実践研究論文として学術研究雑誌に掲載されることはない。学校や事業所において日々実践を行っている指導者が実践研究論文をまとめるポイントは，実践の記録をとっているかどうかである。どんなに子どもの状態を改善した実践でも，記録がないと，その実践を追試することはできないしその実践の方法を参照し新たな実践を展開することもできない。

2 実践記録

　実践記録に関連する詳しい解説は第Ⅱ部第5章～第7章であり，参照していただきたい。実践研究論文をまとめるために，実践記録は必要不可欠である。どうして必要不可欠かその理由は，より客観的な記録を根拠にすることで指導や支援の有効性や信頼性を担保できるからである。

　学校などの教育や支援の現場において，その日の子どもや利用者の様子をメモ書きすることは，よく行われていることであろう。業務報告や日誌の類を書くこともあるだろう。日々の実践を書き残すことは日常茶飯事のことである。

　実践研究では，このような日々の記録が原資料（ローデータ：raw data）となる。実践研究のローデータには，文章化された記録だけでなく，対象者が書いた文字や文章，描いた絵や工作した作品やその写真，体育などにおける映像記録，100m走の速さの記録なども含まれる。

　実践研究におけるローデータの意義は二つある。一つは，行動や発言などの記録を集め分析することにより，対象者をより深く理解することができる。つまり，アセスメントのために記録が求められる。アセスメントにより対象者が抱えている問題や課題，特別な教育的ニーズが明らかになり，指導や支援の方針を立てることができる。ここから実践研究が始まる。二つ目の意義は，行動や発言などのローデータを研究目的に応じて図や表にまとめ直す。指導や支援前（ベースライン）と指導や支援開始後の行動や発言などを図や表で表示することにより，介入の効果があったのかどうかを検証することができる。つまり，ローデータの二つ目の意義は，指導や支援の評価にある。この点に関しては第3章を参照していただきたい。

第11章 実践記録と実践研究論文の書き方

　日々日常茶飯事に書いているメモ，業務報告，日誌と実践研究にとって必要不可欠なローデータとは，どう違うのか。言い換えると，日常行っている記録やメモをローデータとして活用するためには，どのような条件が求められるのか。普段記しているノート，メモ，日誌の類を，実践研究に必要なローデータにまでその質を高めるためには，それなりの条件を満たす必要がある。

　実践研究の基盤となるローデータにするためには，何を記録するか明確にする必要がある。観察記録前に，観察項目といったものを予め設定する。もし，観察項目などが設定されていないと，例えば〇月〇日に挨拶について記録し，次に記録した日では給食時の食べ方について記録した。更に，翌月の記録では保護者からの意見について記し，次に記録したのは遠足の日のハプニングについてだった。このようにその日その日最も印象に残った出来事だけを記録した場合，一つの事象について1回きりの記録となり，継続的な記録とならない。この記録は評価のためのローデータにならず，実践研究のために活用できない。

　また，観察項目が決まっているだけでは不十分である。もし大雑把に観察項目を決めただけで観察記録を始めると，正確な記録がとれない。正確な記録のためには，観察項目を具体的に定義することが求められる。例えば，記録項目を「係の仕事」と決めるだけでは，肝心なことを記録し損なうこともある。実践研究の目的に沿い観察項目について何を記録しなければならないかを検討し，具体的に記録の内容・範囲を決める。例えば，一人で係の仕事をしたのか，先

月　日（　）氏名											
試　行	1	2	3	4	5	6	7	8	9	10	
月　日											
評　価											
備　考											

【評価の定義】〇：一人でする
　　　　　　　△：「何をするのかな」などの言葉かけによりする
　　　　　　　✗：言葉の指示で行わない・やろうとしない

図11-1　機会ごとの記録で使う記録用紙例

表11-1　DTT指導場面での各試行ごとの記録の例

試行	1	2	3	4	5	6	7	8	9	10	正反応率
正誤	×	×	△	△	○	○	△	○	○	○	50%

生が付き添って係仕事をしたのかなど，一人かプロンプトされてしたのか，更に言語プロンプトなのか，指さしや写真カードによるプロンプトなのかなども記録する必要があるかも知れない。図11-1（前頁）のような記録用紙をあらかじめ作成すると効率的に記録することができる。

　最後に，実践記録として大変活用しやすい記録法を紹介する。それは，1対1の学習指導における記録法である。1対1の学習指導は，別名ディスクリート試行指導（以下，DTTと略す）と呼ばれている。このDTTという名称自体はあまり知られていないかもしれないが，学校現場や個別の療育現場では1対1あるいは2，3名を対象とした言葉や数，概念の学習指導を行う際に広く行われている学習指導の形態である。指導者が問題を提示し，子どもがその問題に答える。その回答が正答の基準に達しているなら，「そうです」や「いいね」，同時に○印やシールを貼ったりして強化する。もし，回答が正答の基準に達していない場合は，部分的に正答を示したりヒントを与えたりしてプロンプトをする。この①指導者からの問題の提示，②子どもの回答，③その後のフィードバックを一つの学習指導の単位とし，この単位のことを試行と呼ぶ。例えば，表11-1はDTT指導での記録の例である。10回の指導において，「一人でできた」が50％で，「支援を受けてできた」が30％，「できなかった」が20％，という実践記録になる。この1対1指導における記録は，現場において最も使いやすい実践記録法の一つであると思われる。

　この試行ごとの記録法の活用できる範囲は，個別や少人数の学習指導場面だけではなく，広範囲である。日常生活の指導など様々な場面での実践記録に活用できる。実践研究において，指導支援と記録を同時にできる大変貴重な記録法である。例えば，朝，学校や事業所に到着したとする。対象の人に社会的スキルの一つである挨拶を教えることを目標としている場合，朝部屋に入るまでが挨拶の機会（試行）であり，そのときに指導者などに向けて自発的に「おは

よう」あるいは代替する挨拶行動を行ったら，その機会（試行）は○と評価記録する。朝部屋に入るまでの間に，挨拶行動を自発的にせず，指導者が「なんて言うのかな？」と尋ねた後に挨拶行動をしたら，プロンプトされたので△と評価記録する。支援を受けながらも挨拶行動を行わない場合は×と評価記録する。このようにDTTの記録法は指導や支援の機会・試行ごとに評価記録することがポイントであり，個別指導だけでなく，日常生活や作業など様々な場面で活用できる実践的な記録法である。このことから，実は図11-1の記録用紙は表11-1と同じDTTの記録用紙の一例と言える。

3 実践研究論文の書き方

　実践研究論文とは，どのようなものなのか。学校や保育所，通所施設，事業所などにおいて，普段の業務の傍ら，地道に自らの指導支援の実践を改善し，社会に対してその実践を公表する形式である。実践の報告という公表の形式もある。実践研究論文では，読者がその実践を再現可能なほど明確で具体的に指導や支援の手続きと場面を記述し，具体的なデータに基づき指導結果が示されている。これらのことが，実践報告と実践研究との大きな違いだろう。

　実践研究論文も，他の研究論文と同様にタイトル，問題と目的（はじめに），方法，結果，考察，文献に分け，執筆する。

　ここで，実践研究論文と個別の指導計画あるいは個別の支援計画との類似性について述べる（宮崎，2010）。

　特別支援教育や障害者支援の現場では，個別の指導計画あるいは個別の支援計画を作成して，指導支援に当たっている。個別の指導計画による実践は，まずアセスメントから始まり，次に指導目標と指導計画の立案，実際の指導支援の実施とその計画実施中の継続的な評価と見直しというPDCAサイクルで，指導支援を行うことが基本となっている。同様に，実践研究においても，まず対象者のアセスメントを行い，指導支援目標と指導計画を作成し，指導支援を行う一方，その過程を評価し，計画や指導に必要な修正を行う。このようなPDCAサイクルの中から，研究テーマや研究目的が派生することが多い。例えば，この子どもの言葉の発達支援には，先行研究にあるスクリプトを活用した

指導支援がいいとか，ビデオを活用したモデリング指導がいいとか仮定し，指導法に関する研究が始まる。また，学校や通所施設での指導支援実践と保護者との連携のよりよいあり方が研究テーマとなることもあるだろう。

実践研究を進めるためには，個別の指導計画をベースに，実践の質の向上と研究の推進を連動することが大切である。このような実践研究が現場で同僚の指導者や支援者あるいは対象者やその家族から信頼され支持されることにつながる。実践研究は，対象となる人の発達や環境の改善を目指すものであり，そのような研究でなければ，職場の理解を得られず，実践研究の意義を広く共有することができない。

個別の指導計画は研究論文の執筆に際して役に立つ。つまり，個別の指導計画の指導目標は，研究目的に対応する。個別の指導計画の指導の手立ては実践研究の方法に対応する。個別の指導計画を作成する時に参考した保護者からのニーズ調査やその他のアセスメント資料（生育歴，各種心理検査の結果，行動観察結果，過去の個別の指導計画など）も方法を作成するための基礎的な資料となる。個別の指導計画に基づいた単元の指導計画なども方法に含まれる。

個別の指導計画の評価は実践研究の結果に対応する。実践研究論文の考察と文献は個別の指導計画に直接記載されないが，PDCAサイクルで指導計画を修正するに当たって検討したことは考察で記述する内容である。

以上，個別の指導計画など既存の情報を活用し，指導や支援の質を高めつつ，実践研究を進めることを勧めたが，次に，実践研究論文を構成する各項目について，留意点を述べる。

(1) タイトル

タイトルは，簡潔に研究の内容を表現する。もし，タイトルが長くなる場合はサブタイトルをつける。タイトルとサブタイトルの関係は，タイトルがより包括的でサブタイトルはより具体的である。タイトルとサブタイトルが抽象的なときには，まだ的確なタイトルを絞り切れていないことの表れである。もう一度，実践研究の内容やテーマを省察し，実際の研究を等身大に表す具体的なタイトルを再考する。

(2) 問題と目的

　現場の指導者や支援者が実践論文を執筆する場合，この問題と目的をまとめるのが困難なようである。対象者に指導や支援を行った実践をまとめた実践報告の場合，問題と目的の部分が欠けている場合が多い。書きづらいところである。

　問題と目的を執筆するためには，まずその実践研究論文の研究テーマや領域を確認し，その研究テーマに密接に関連した先行研究を検索する。先行研究には，その領域でたびたび引用されるその分野で著名な論文がある。また，その実践研究に直接関連する先行研究がある。まず，その分野で著名な先行研究から執筆を始め，次に直接関連する先行研究において明らかになった知見と未解決な課題を明らかにする。その上で，執筆している研究を先行研究の中に位置づける。つまり，先行研究の知見と課題から執筆している研究論文の意義を述べる。

　問題と目的の最後に，「以上のことから，本研究の目的は……である。」「以上のことから，……を明らかにすることを目的とする。」といった形式で，研究目的を述べることが多い。

(3) 方法

　参加（対象）者，指導支援期間，場所，指導目標，教材道具，活動（場面），一事例研究計画，指導手続き，記録および分析法などに項立てして，執筆する。他の先行研究論文を参考にすると，今述べた項立て以外の項目がある場合もあるし，これらの項立てがない場合もある。また，項目の順番が異なる場合もあるだろう。最も関連する先行研究などを参照して，執筆中の実践研究の内容を最も過不足なく表現できる項立てにする。

(4) 結果

　指導支援を行っている期間に，継続的に記録を行っていた。その記録をローデータとして，分析の趣旨に沿った表あるいは図の形式で表記し，指導支援期間中の経時的な変化を示す。表と図は，結果の文章を補足する役割であり，指

導支援に伴う経時的な変化を文章化しなければならない。

（5）考察

　ここでは，研究目的について，結果から明らかになったことを述べる。また，結果に影響を与えた要因・原因などを論じる。さらに，先行研究の知見と比較し，一致した知見と異なった知見を明らかにし，その相違を生んだ原因などについて論じる。最後に，この実践研究の限界や今後の課題などを示す。

（6）文献

　論文中に引用した文献をすべて挙げる。文献の表記の仕方には，ルールがあるので，日本心理学会（2015）や日本発達心理学会（2013）などの執筆の手引きを参照する。

（7）実践研究実施公開の倫理とプライバシー保護

　対象となる人およびその保護者に研究の目的と内容，またプライバシーを保護する具体的な手続きについて説明し，実践研究の実施および公表について，それぞれ了解をとることが求められる。また，その実践研究を実施した機関の長から，研究実施の許可と公表の許可を得る必要がある。実験研究論文を投稿する際，対象者およびその保護者からの承諾書と，実践研究が行われた機関の長からの許可書の提出が義務づけられている場合が多い。

【文　献】

Albert, P. A. & Troutman, A. C.（2004）．はじめての応用行動分析　日本語版第2版（佐久間徹・谷　晋二・大野裕史，訳）．大阪：二瓶社．（Albert, P. A. & Troutman, A. C.（1994）． *Applied Behavior for Teachers*: Fifth Edition. NJ: Prentic-Hall.）

Duker, P. C., Didden, R., & Sigafoos, J.（2004）． *One-to one training: instructional procedures for learners with developmental disabilities.* Texas: Pro-ed.

発達障害研究常任編集委員会．（2004）．発達障害研究論文投稿マニュアル．日本発達障害学会．

発達心理学研究編集委員会．（2013）．*論文原稿作成のための手引*（2013年7月改訂版）．日本発達心理学会．

宮﨑　眞．(2010)．特別支援教育．日本臨床発達心理士会（編），*21の実践から学ぶ　臨床発達心理学の実践研究ハンドブック*（pp.9-12）．東京：金子書房．
文部科学省．(2009)．特別支援学校学習指導要領解説：*自立活動編*．東京：海文堂出版．
文部科学省．(2017)．*特別支援学校小学部・中学部学習指導要領*．
長崎　勤．(2009)．こうすれば書ける実践研究：実践をどう共有するか？．*日本臨床発達心理士会ニューズレター*，2号（通巻16号），10-12.
日本心理学会機関誌等編集委員会．(2015)*執筆・投稿の手びき　2015年改訂版*．日本心理学会
臨床発達心理実践研究編集委員会．(2009)．『臨床発達心理実践研究』執筆の手引き（2009年6月版）．*臨床発達心理実践研究*，4, 217-222．

著者紹介 (執筆順)

本郷一夫	(ほんごう・かずお)	編者・東北大学大学院教育学研究科 教授
斉藤こずゑ	(さいとう・こずゑ)	國學院大學文学部 教授
大石幸二	(おおいし・こうじ)	立教大学現代心理学部 教授
中西由里	(なかにし・ゆり)	椙山女学園大学人間関係学部 教授
小島康生	(こじま・やすお)	中京大学心理学部 教授
田爪宏二	(たづめ・ひろつぐ)	京都教育大学教育学部 准教授
平川久美子	(ひらかわ・くみこ)	石巻専修大学人間学部 助教
森　正樹	(もり・まさき)	埼玉県立大学保健医療福祉学部 准教授
飯島典子	(いいじま・のりこ)	聖和学園短期大学保育学科 准教授
神谷哲司	(かみや・てつじ)	東北大学大学院教育学研究科 准教授
宮﨑　眞	(みやざき・まこと)	明治学院大学心理学部 教授

※所属は執筆時

監修者・編著者紹介

本郷一夫（ほんごう・かずお）

東北大学大学院教育学研究科教授。博士（教育学）。東北大学大学院教育学研究科博士後期課程退学。東北大学大学院教育学研究科助手，鳴門教育大学学校教育学部講師，同大学助教授，東北大学大学院教育学研究科助教授を経て現職。専門は発達心理学，臨床発達心理学。現在は，社会性の発達とその支援に取り組んでいる。主な著書に『幼児期の社会性発達の理解と支援――社会性発達チェックリスト（改訂版）の活用』（編著・北大路書房，2018），『認知発達とその支援』（共編著・ミネルヴァ書房，2018），『認知発達のアンバランスの発見とその支援』（編著・金子書房，2012），『「気になる」子どもの保育と保護者支援』（編著・建帛社，2010），『子どもの理解と支援のための発達アセスメント』（編著・有斐閣，2008）など。

シリーズ 支援のための発達心理学
実践研究の理論と方法

2018年4月13日　初版第1刷発行　　　　　　　　　　　　［検印省略］

監修者	本　郷　一　夫
編著者	本　郷　一　夫
発行者	金　子　紀　子
発行所	㈱ 金　子　書　房

〒112-0012　東京都文京区大塚3-3-7
TEL 03-3941-0111㈹
FAX 03-3941-0163
振替 00180-9-103376
URL　http://www.kanekoshobo.co.jp

印刷／藤原印刷株式会社　製本／株式会社宮製本所
装丁・デザイン・本文レイアウト／mammoth.

Ⓒ Kazuo Hongo, et al.,2018
ISBN978-4-7608-9572-4　C3311　Printed in Japan

金子書房の発達障害・特別支援教育関連書籍

発達障害のある子の自立に向けた支援
――小・中学生の時期に、本当に必要な支援とは?

子どもの特性や持ち味を理解し、将来を見据えた支援につなぐ

萩原 拓 編著　　A5判・184頁　本体1,800円+税

通常学級にいる発達障害のある子どもが、将来社会に出て困らないための理解や支援のあり方を紹介。学校でできる支援、就労準備支援、思春期・青年期に必要な支援などを、発達障害支援・特別支援教育の第一線で活躍する支援者・研究者・当事者たちが執筆。好評を得た「児童心理」2013年12月号臨時増刊の書籍化。

CONTENTS
- 第1章　総論・発達障害のある子の将来の自立を見据えた支援とは
- 第2章　発達障害の基礎知識・最新情報
- 第3章　支援のために知っておきたいこと
  ――発達障害のある成人たちの現在
- 第4章　自立に向けて学校でできる支援
- 第5章　思春期・青年期における支援の実際
- 第6章　自立・就労に向けて
- 第7章　発達障害のある子の家族の理解と支援

K 金子書房

自閉スペクトラム症のある子への性と関係性の教育
具体的なケースから考える思春期の支援

川上ちひろ 著　　A5判・144頁　本体1,800円+税

中京大学教授　辻井正次先生　推薦!

「性」の領域は、タブーや暗黙のこととされることが多く、発達障害の子どもたちにとって指導が必要な領域です。本書は、通常学級などに在籍する知的な遅れのない発達障害の子どもたちを対象に、「性」の問題を、そこにいる他者との「関係性」のなかで、どう教えていくのかについての実践的な内容が書かれています。多くの子どもたちと保護者・教師を助けてくれる1冊となるでしょう。

主な内容

第Ⅰ部　思春期のASDのある子どもの性と関係性の教育について
「性と関係性の教育」とは何か／思春期を迎えたASDのある子の性的文脈の関係の複雑さ／従来の「性教育」「性の捉え方」からの脱却／ASDのある子どもの性と関係性に関わる問題行動について／家族や支援者の悩み・陥りやすい間違った関わりについて／ほか

第Ⅱ部　具体的ケースから考える――ASDのある子どもの性と関係性の教育・支援
男女共通・どの年代でもあてはまる話題／とくに思春期の女子にあてはまる話題／とくに思春期の男子にあてはまる話題

K 金子書房

金子書房の心理検査

自閉症スペクトラム障害（ASD）アセスメントのスタンダード

自閉症スペクトラム評価のための半構造化観察検査

ADOS-2 日本語版

C. Lord, M. Rutter, P.C. DiLavore, S. Risi, K. Gotham, S.L. Bishop, R.J. Luyster, & W. Guthrie 原著

監修・監訳：黒田美保・稲田尚子

［価格・詳細は金子書房ホームページをご覧ください］

検査用具や質問項目を用いて、ASDの評価に関連する行動を観察するアセスメント。発話のない乳幼児から、知的な遅れのない高機能のASD成人までを対象に、年齢と言語水準別の5つのモジュールで結果を数量的に段階評価できます。DSMに対応しています。

〈写真はイメージです〉

自閉症診断のための半構造化面接ツール

ADI-R 日本語版

■対象年齢：精神年齢2歳0カ月以上

Ann Le Couteur, M.B.B.S., Catherine Lord, Ph.D., & Michael Rutter, M.D., F.R.S. 原著

ADI-R 日本語版研究会 監訳
［土屋賢治・黒田美保・稲田尚子　マニュアル監修］

- プロトコル・アルゴリズム
  （面接プロトコル1部、包括的アルゴリズム用紙1部）…本体 2,000円＋税
- マニュアル……………………………………………本体 7,500円＋税

臨床用ワークショップも開催しております。

ASD関連の症状を評価するスクリーニング質問紙

SCQ 日本語版

■対象年齢：暦年齢4歳0カ月以上、精神年齢2歳0カ月以上

Michael Rutter, M.D., F.R.S., Anthony Bailey, M.D., Sibel Kazak Berument, Ph.D., Catherine Lord, Ph.D., & Andrew Pickles, Ph.D. 原著

黒田美保・稲田尚子・内山登紀夫 監訳

- 検査用紙「誕生から今まで」（20名分1組）………本体 5,400円＋税
- 検査用紙「現在」（20名分1組）……………………本体 5,400円＋税
- マニュアル……………………………………………本体 3,500円＋税

※上記は一定の要件を満たしている方が購入・実施できます。
　詳細は金子書房ホームページ（http://www.kanekoshobo.co.jp）でご確認ください。

シリーズ 支援のための発達心理学
本郷一夫 ◎ 監修

既刊

コミュニケーション発達の理論と支援
藤野 博 編著

本体 1,500円＋税／A5判・128ページ

実践研究の理論と方法
本郷一夫 編著

本体 1,500円＋税／A5判・128ページ

刊行予定

※いずれも、予価1,500円＋税, 予定ページ数128ページ。
※タイトルはいずれも仮題です。

◆ **知的発達の理論と支援**
湯澤正通 編著

◆ **情動発達の理論と支援**
遠藤利彦 編著

◆ **愛着関係の発達の理論と支援**
米澤好史 編著

◆ **自己制御の発達と支援**
森口佑介 編著

◆ **生態としての情動調整**──心身理論と発達支援
須田 治 編著

◆ **生涯発達の理論と支援**
白井利明 編著